制造业转型升级视域下的技能型人力资本投资研究

张彦文 著

新华出版社

图书在版编目（CIP）数据

制造业转型升级视域下的技能型人力资本投资研究 /张彦文著

北京：新华出版社，2021.3

ISBN 978-7-5166-5736-2

Ⅰ.①制… Ⅱ.①张… Ⅲ.①制造工业－人力资本－
资本投资－研究－中国 Ⅳ.①F426.4

中国版本图书馆CIP数据核字(2021)第049232号

制造业转型升级视域下的技能型人力资本投资研究

作　　者：张彦文

责任编辑：唐波勇　　　　　　　　封面设计：优盛文化

出版发行：新华出版社

地　　址：北京石景山区京原路8号　　　邮　　编：100040

网　　址：http://www.xinhuapub.com

经　　销：新华书店、新华出版社天猫旗舰店、京东旗舰店及各大网店

购书热线：010-63077122　　　　　中国新闻书店购书热线：010-63072012

照　　排：优盛文化

印　　刷：定州启航印刷有限公司

成品尺寸：170mm×240mm

印　　张：11.75　　　　　　　　　字　　数：200千字

版　　次：2021年3月第一版　　　　印　　次：2021年3月第一次印刷

书　　号：ISBN 978-7-5166-5736-2

定　　价：59.00元

摘要

制造业是国民经济的支柱。总体而言，目前中国制造在核心技术、创新能力、产品质量等方面与发达国家相比依然存在较大差距，国际竞争力较弱。作为转型升级的重要目标，中国制造要完成由要素驱动向创新驱动转变、由规模扩张向质量效益提升转变，赶上并引领智能制造潮流。除了要摆脱低成本依赖、不断吸收国际前沿技术和创新成果、努力掌握核心技术之外，还要构建并不断完善包括技能型人才在内的多层次、多类型的人才培养体系，培育精益求精的工匠精神，推进精细化管理和精品制造。

国内学术界针对人力资本开展的研究较多，但大都围绕人力资本理论，以及人力资本投资与经济增长、人力资本投资与生产效率、人力资本投资与收入分配等之间的关系展开，现状描述和问题阐述较多，鲜有将技能型人力资本投资与制造业转型升级结合起来专门加以论述的研究。本研究基于人力资本投资理论，结合我国制造业转型升级大背景，深入剖析我国技能型人力资本投资积累面临的问题，并借鉴国际成功经验，分析技能型人力资本投资的激励机制，探索提高技能型人力资本投资积累水平的方法和路径。

研究发现，技能型人力资本投资能够提升各国人均 GDP 和人均制造业产值。现实来看，世界诸多国家在制造业转型升级过程中均出现了技能型人力资本供给不足的现象。据估计，全球技能人才缺口已达 1 000 万，熟练工人和高技能人才短缺程度尤为严重。本书将我国制造业转型升级放在国际制造业发展的大背景中，对比世界主要国家的技能型人力资本投资与积累情况，分析我国技能型人才短缺和技能型人力资本投资问题。通过对比发现，中国制造业生产工人数量处于世界首位，但是技术工人比例较低，非技术工人比例较高，技能型人才结构和人才质量同发达国家相比差距巨大，一定程度上导致了我国制造业大而不强，缺乏足够的国际竞争力。我国技能型人力资本投资不足，技能型人力资本积累没有满足制造业的人才需求，不利于我国制造业的转型升级。

本书通过 DEA-Tobit 模型测算在不同转型升级路径下技能型人力资本投资对企业生产绩效的影响。测算发现，绝大多数转型升级路径对企业生产效率、纯技术效率和规模效率的影响不显著，在本书关注的 8 种转型升级路径下只有新产品和新服务开发在 5% 显著性水平、降低成本在 1% 的显著性水平上正向影响企业规模效率。技能型人力资本投资在不同转型升级路径下对企业生产效率、纯技术效率、规模效率存在不同影响。对于企业生产效率而言，技能型人才的受教育年限、技能型人才比例和技能型人才参加培训比例正向影响企业生产效率，但影响不显著；技能型人才初中以上学历比例负向影响企业生产效率，但影响不显著。对于企业纯技术效率而言，技能型人才比例和技能型人才参加培训比例显著正向影响企业纯技术效率，技能型人才的受教育年限正向影响企业纯技术效率，但影响不显著；技能型人才初中以上学历比例负向影响企业纯技术效率。对于企业规模效率而言，技能型人才比例和技能型人才参加培训比例负向影响企业规模效率；技能型人才初中以上学历比例对企业规模效率影响不显著。

本书通过调研数据计量分析技能型人力资本投资对制造业转型升级人才需求匹配的影响。分析发现，企业制订培训计划、设立培训基地、增加培训投入能够降低技能型人才短缺程度，并显著正向影响技能型人才的价值创造；而中级以上技能型人才比例显著负向影响企业技能型人才短缺程度，中级以上技能型人才比例越大，企业技能型人才的短缺程度越高。此外，企业产值越高，越能降低技能型人才的短缺程度。按照企业的所有权从国有、集体到民营的顺序，技能型人才短缺程度依次递减。而企业技术水平越高，取得的专利数量越多，提供的养老保障越好，则技能型人才的短缺程度越低。

本书针对我国技能型人力资本投资状况展开了系统分析。技能型人力资本投资具有有限的非排他性和有限的非竞争性的特征，因此应被划分为准公共产品，政府、企业以及个人或者家庭都是技能型人力资本投资的主体，都应该承担技能型人力资本的投资责任并将投资维持在合理水平，都应当获得相应的投资收益。政府对不同类型的人力资本投资存在投资偏好，通过政府人力资本投资偏好分析框架可知，中央政府教育供给偏好会影响地方政府教育供给的偏好，与此同时，地方政府的教育投入偏好也受到自身条件和教育溢出效应的影响。在对技能型人才培养机构数量和培养人数、技能型人才培养师资力量和生师比以及经费投入等几个指标对比分析中发现，政府对技能型人才培养投入不足，没有体现出对技能型人力资本的投资偏好，一定程度上导致了技能型人力资本投资积累水平不高和技能型人才的短缺。此外，政府在职业技术教育中的角色和功能定位、政绩考核的导向以及有关制度安排都会影响政府对技能型人力资本的投资水平。由于技能型人才培养的特殊性，企业在技能型人力资本投资积累中发挥着不可或缺的重要作用。企业不仅是招收、培养和使用技能型劳动者的主体，也是技能型人力资本投资的重要主体。企业投资技能型人力资本带来正外部性，这种外部性会影响企业的人力资本投资决策。无论是从经济学理论还是实践经验来看，要提升企业投资技能型人才培训的积极性，就必须综合运用政府和市场两种力量，实现人力资本投资者从个体最优角度实施投资决策时能够同时达到集体或社会层面上的最优，实现技能型人力资本投资外部性的内在化，达到人力资本投资的帕累托最优。在技能型人力资本投资过程中，企业开展不同培训项目的外部性水平不同，"一般项目"培训的外部性要高于"特殊项目"培训的外部性。针对"一般项目"的培训需要探索现有体制环境下企业投资职业技能培训的经费分担机制，避免企业过度承担培训成本，通过多种方式实现企业人力资本投资正外部性的内在化。相较"一般项目"培训，企业开展"特殊项目"培训的外部性水平较低，因此国家对于"特殊项目"培训的政策扶持要低于"一般项目"培训。此外，企业投资技能型人力资本还受到技能传承的"传帮带"机制、信息不对称以及培训周期等因素影响。个人或家庭是技能型人力资本的主要供给方和职业技术教育的投资主体之一，个人或家庭在投资人力资本时从理性和现实出发需要考虑投资成本和收益，实现投资收益的最大化。通过构建教育—年龄—收入曲线发现，就货币收益而言，职业技术教育收益水平位于大学教育和中学教育收益水平之间，属于收益水平相对较低的教育投资。除了货币收益外，非货币收益如社会地位、就业观念、就业条件和职业生涯发展都会对个人或家庭的技能型人力资本投资决策带来不利影响。

通过分析德国经验发现，德国制造业的发展是一个由弱变强和持续转型升级的过程，其成长和发展是多方面因素综合发挥作用的结果。其中，德国较高的技能型人力资本的投资和积累水平、多元化的技能型人力资本投资体系和技能型人才教育培训体系为德国提供了一支规模庞大的高质量的技能型人才队伍，为德国制造业由弱变强转型发展和德国经济腾飞奠定了基础。德国技能型人才培养得益于完善的职业教育系统，尤其是双元制职业教育体系。德国双元制职业教育体系的成功源自政府、企业、行业协会和个人或家庭等各个投资主体的共同参与，共同承担投资成本并获得相应的投资收益。由于技能型人才培养的特殊性，企业在技能型人力资本投资中发挥着不可或缺的重要作用，是德国双元制职业教育体系中的核心因素，尤其在学徒培养和技能培训中承担了主要培养职责和大部分投资成本。企业对技能型人力资本的投资会带来不可避免的外部性。德国双元制职业教育成功的关键在于创造了一个市场，通过综合运用政府和市场两种力量、法律法规的规范约束、行业协会监督监管以及高效的"教育链"计划和"培训联盟"的一揽子计划等多种手段，实现了企业投资技能型人力资本外部性的内在化，把企业投资的外部收益转化成为企业的自身收益，实现了企业人力资本投资成本与收益的平衡，实现了企业人力资本投资的帕累托最优，保证了企业投资技能型人力资本的积极性和个人、企业、行业乃至整个国家的技术技能水平。

综上，进一步提高技能型人力资本投资积累水平，需要依据人力资本投资理论，全面探析政府、企业、家庭三个主体对技能型人力资本投资积累的途径和机理，探索适合中国国情的技能型人力资本投资激励机制，构建政府、学校、企业、家庭以及社会五位一体的人力资本投资成本分担机制和利益共享机制，提高技能型人才数量和质量，改善技能型人才结构，从而为我国制造业转型升级奠定人才基础。

关键词：技能型人力资本；投资；职业教育；转型升级

ABSTRACT

Manufacturing industry is the pillar of a nation's economy, but compared with developed countries, China's manufacturing industry is still facing a large gap in the aspects of core technology, innovation, product quality and the international competitiveness. As an important goal of the transformation and upgrading of China's manufacturing industry, it should complete the transition from factor driven to innovation driven, from scale expansion to the promotion of quality and efficiency, catching up with and leading the intelligent manufacturing trend by getting rid of depending on low cost, constantly absorbing the international advanced technology and innovation, and striving to master the core technology. In addition, it should build and perfect the multi-levels training system for multi-types talents including skilled talents, cultivate excellent artisan spirit, promote the fine management and manufacturing.

There have been many researches on human capital development in domestic academic circles, but most of them are about the theory of human capital, about the relationship of the human capital investment and production efficiency, and about the relationship of the human capital investment and income distribution. Most of them discuss the status quo and the problems, and few of them have combined the skilled human capital investment and the transformation and upgrading of China's manufacturing industry together. Based on the human capital investment theory and under the background of the transformation and upgrading of China's manufacturing industry , this study makes deep analysis on the skilled human capital investment and accumulation problems in China, analyzes the incentive mechanism of the skilled human capital investment, and explores the methods and ways to improve the skilled human capital investment and accumulation level with reference to international experience.

The study found that the skilled human capital investment can improve the per capita GDP and per capita manufacturing output. In fact, there has been lack of skilled human capital supply in many countries of the world in the process of the transformation and upgrading manufacturing industry. It is estimated that the global shortage of the skilled talents has reached 10 million, and the shortage of skilled workers and highly skilled talents is particularly serious. This book will analyze the shortage of the skilled human capital accumulation and investment in China in comparison with the advanced industrialized countries under the background of the world-widetransformation and upgrading of the manafacturing industry. By comparison, the amount of manufacturing industry workers in China is the first of the world, but the proportion of skilled workers is quite low, and the proportion of unskilled workers is comparatively high. moreover, there's a huge gap compared with the developed countries in the aspect of the structure and the quality of the skilled talents. This could be partly the reason why China's manufacturing industry is big in size but not strong in global competition. This also shows that our skilled human capital investment is insufficient, and the accumulation of the skilled human capital does not meet the needs of the manufacturing industry development, which is not conducive to the transformation and upgrading of China's manufacturing industry.

In this book, DEA-Tobit model is used to calculate the effect of the skilled human capital investment on enterprise production efficiency, pure technical efficiency and scale efficiency. The calculations showed that the vast majority of the transformation and upgrading paths have no significant influence on enterprise production efficiency, pure technical efficiency and scale efficiency. Only the transformation and upgrading path of new products and services development at the level of 5% significance, and the path of reduce the cost at the 1% level of significance have positive influence on enterprise scale efficiency among the 8 kinds of transformation and upgrading paths which this book mainly concerns. Skilled human capital investment has different effects on enterprise production efficiency, pure technical efficiency and scale efficiency through different transformation and upgrading paths. For the enterprise production efficiency, the years of education of skilled talents, the proportion of skilled talents and the proportion of skilled talents in training have positive influence on enterprise production efficiency, but the influence is not significant; the proportion of skilled talents with junior high school or above has negative influence on enterprise production efficiency, but the influence is not significant. On the pure technical efficiency, the proportion of skilled talents and the proportion of skilled talents in training have significant positive influence, the years of education of skilled talents has positive influence on the enterprise pure technical efficiency, but the influence is not significant; the proportion of skilled talents with junior high school or above has negative influence on enterprise pure technical efficiency. The proportion of skilled talents and the proportion of skilled talents in training have negative influence on enterprise scale efficiency.

This book studies the impact of skilled human capital investment on the matching demand of skilled talents in the transformation and upgrading process manufacturing industry of the . The analysis found that the enterprise's training plan, the establishment of the training base and the training investment increase can reduce the shortage of skilled talents, and positively affect the skilled talents' value creation, but the proportion of mid-level or above skilled talents negatively influence enterprise's personnel shortage degree, which means, the larger proportion of the mid-level or above skilled talents, the higher degree of skilled talents shortage in enterprises. In addition, if the enterprises have higher production value, they are more likely to reduce the shortage of skilled talents. With the enterprises' ownership changing from state-owned, collective-owned and private-owned, the shortage of skilled talents is decreasing. The enterprises have higher shortage of skilled talents if they apply higher technology, have larger number of patents, or provide better pension security.

In order to improve the quantity and quality of skilled talents and to better the structure of skilled talents, the investment on skilled human capital must be raised. The investment on skilled human capital has a limited non-exclusive and limited non-competitive characteristics, so it should be classified as quasi-public goods. The government, enterprises and individuals or families are the subjects of skilled human capital investment. All of them should bear the responsibility of skilled human capital investment and get the appropriate return from their investment. The government has preference on different kinds of human capital investment. The government's preference analysis framework on human capital investment shows that the central government's education supply preference will affect the local government's education supply preference. At the same time, the local government's education investment preferences are also influenced by their own conditions and the spillover effect of education. Based on the analysis of several indicators such as the number of skilled talents and the training institutions, their faculties, the student and teacher ratio and the amount of investment, we can not find the governments' investment preference on skilled human capital. This could be partly the reason of the low level of skilled human capital investment and the shortage of skilled talents. In addition, the governments' role and function in the vocational education will affect the quality of skilled human capital investment, the performance evaluation guidance will affect the governments' incentives on skilled human capital investment, and the institutional arrangements will also affect the governments' efficiency of skilled human capital investment. Because of the particularity of the cultivation of skilled talents, enterprise plays an indispensable role in the accumulation and investment of skilled human capital. Enterprise is not only the main body to recruit, train and use skilled workers, but also an important part of skilled human capital investment. The investment of skilled human capital brings positive externality, which may affect the enterprise's decision on human capital investment. No matter from economic theory or practical experience, in order to promote enterprise's enthusiasm on skilled talents training, we must use both the powers of government and the market, to make the enterprise achieve the optimal from the individual aspect as well as from the collective or socially aspect when the decisions on human capital investment is made. So as to internalize the externalities of enterprise's investment on skilled human capital, and the human capital investment could achieve a Pareto optimality. In the process of the skilled human capital investment, the level of externality of different training programs could be various, and the externality of "general project" training is higher than that of "special project" training. Therefore, for the "general project" training, the appropriate policies and measures should be formulated or the compensation from the benefited third party should be made so as to realize the internalization of the positive externality from the enterprise's human capital investment. Besides, we should actively explore the funds allocation system of the skilled talents training under the existing mechanism and environment, and try to avoid the enterprise undertake the excessive cost of training so as to earnestly safeguard their benefits. Compared with the "general project" training, the state supporting policy for the "special projects" training should be less. In addition, there are other problems which may influence enterprise's investment on skilled human capital. Such as the imperfect mentoring mechanism of the skill inheritance, the dynamic information asymmetry and the long-term training cycle, all these factors may affect the enterprise's investment incentives on the skilled human capital. The individual or the family is one of the main supplier of the skilled human capital and the investor of vocational education. Based on rationality and reality, The individual or the family needs to consider the cost and the future income when they invest on human capital. From the perspective of the individual or the family, the key consideration for the human capital investment is whether this kind of investment can realize the maximization of their benefits, including both monetary benefit and non-monetary benefit. Through the Education - Age - Income curve, we can find that the benefit gained from the vocational and technical education is relatively low. In addition to the monetary benefits the, non-monetary benefits such as social the status, the employment concept, the employment conditions and the occupation career development will also influence the skilled human capital investment.

The development of German manufacturing industry is a process from weak to strong and continuous transformation and upgrading. "Made in Germany" is an organic link of the industrial chain and the comprehensive economic system. Its growth and development is the result of many factors. For example, the high level of the skilled human capital investment and accumulation, the diversifying systems of the skilled human capital investment and the skilled talents training, provide a large skilled personnel with high quality for German manufacturing industry's development from weak to strong, and laid the foundation for the taking-off of German economy. The training of the skilled talents in Germany is due to its vocational education system, especially the dual system of vocational education. The success of the dual system of vocational education in Germany comes from the joint participation of the government, the enterprises, the trade associations and the individuals or the families, and so on. Because of the particularity of the skilled talents training, the enterprise plays an important role in the skilled human capital investment, and it's the core factor of the German dual system of vocational education, besides, it takes the main responsibilities and bears most of the cost especially in the apprentice training and the skills training. The investment on the skilled human capital will bring the externality inevitably. The key factor for the success of German dual system of vocational education is to create a market, through the integrated use of the two powers of government and market, the laws and the regulations, the supervision of the trade associations, the efficient "Education Chain Project" and Training Alliance's series programs and other means, to achieve the internalization of externalities induced from the enterprise's investment on skilled human capital, to change the external benefits of enterprise investment into their own benefits, to realize the enterprise's cost and income balance on the human capital investment, to achieve the Pareto Optimality of the enterprise's human capital investment, to ensure the enterprise's initiative on the skilled human capital investment and thus to guarantee the qualification of skills of the individual, the enterprise, the industry and even the nation.

In short, in order to further improve the skilled human capital investment and accumulation, under the guideline of the human capital investment theory, we need to make a comprehensive analysis of the mechanism and the path for the skilled human capital investment and accumulation with the three investment subject (the government, the enterprise and the individual or the family) to be concerned. In order to improve the quality and the quantity, and better the structure of the skilled talents, we need to take series of approaches such as studying the investment incentive mechanism, exploring the investment cost-sharing and benefit-sharing mechanism, and so on.

Key words: skilled talents; investment; vocational education; transformation and upgrading

目 录
CONTENT

导　论

第一节　研究背景与意义

制造业是国民经济的支柱，从全球范围来看，中国制造在核心技术水平、创新能力、产品质量等方面与发达国家相比依然存在较大差距，国际竞争力较弱。随着我国经济发展进入新常态和工业化进程加速推进，长期依赖低成本战略、以损害资源和环境为代价的粗放式增长的中国制造内外交困，难以为继，急需转型升级和跨越发展。《中国制造 2025》战略规划提出要坚持"创新驱动、质量为先、绿色发展、结构优化、人才为本"的基本方针，为未来中国制造业发展指明了方向。作为转型升级的重要路径，中国制造要完成由要素驱动向创新驱动转变，由规模扩张向质量效益提升转变，赶上并引领智能制造潮流，除了要摆脱低成本依赖并突破要素禀赋的长期制约外，还要不断吸收国际最前沿的技术和创新成果，努力掌握核心技术，构建并不断完善包括技能型人才在内的多层次、多类型人才培养体系，提升创新能力，培育精益求精的工匠精神，推进精细化管理和精品制造。

总体而言，目前我国制造业人力资本积累水平依然薄弱，技能型人力资本投资水平低，投资激励机制不完善，技能型人才综合素质不高，技能型人才结构不合理，这些已经成为我国制造业转型升级的重大制约。提升技能型人力资本的投资积累水平，提高各类技能人才的数量和质量，改善技能型人才结构，对企业而言，是提高市场竞争力和保持基业长青的必然选择；对行业而言，是顺利完成转型升级的必经之路；对整个国家而言，则关系到中国制造和国民经济的健康发展。

国内学术界大都围绕人力资本理论，以及人力资本投资与经济增长、人力资本投资与生产效率、人力资本投资与收入分配等之间的关系展开人力资本的相关研究，现状描述和问题阐述较多，鲜有将技能型人力资本投资与制造业转型升级结合起来专门加以论述。本研究基于人力资本投资理论，结合我国制造业转型升级大背景，深入剖析我国技能型人力资本投资积累面临的问题，并借鉴国际成功经验，分析技能型人力资本投资的激励机制，探索提高技能型人力资本投资积累水平的方法和路径。这不仅是对人力资本理论的拓展，而且有助于推动技能型人力资本的投资积累水平和制造业转型升级，具有一定的理论和现实意义。

第二节 研究目标与研究内容

本研究的总目标是分析解决当前制造业转型升级背景下技能型人力资本投资问题。具体目标包括：①分析全球制造业发展状况，明确中国与制造业发达国家之间技能型人力资本投资积累水平存在的差距。②界定技能型人才的内涵和特性，测算我国技能型人力资本存量和投资水平，分析技能型人力资本供求状况。③深入研究政府、企业及家庭个人三个投资主体对技能型人力资本的投资行为和投资激励问题，从而寻找技能型人力资本投资不足和供需失衡的根源。④总结制造业强国德国的技能型人力资本投资的相关经验和教训并为中国提升技能型人力资本投资提供借鉴。

为实现上述目标，笔者着重研究以下几个方面的内容：

（1）系统梳理人力资本理论，深入探讨技能型人才的内涵、特点和功能。

（2）比较中国与制造业强国在技能型人力资本投资积累方面存在的差距，分析中国技能型人力资本应对国际化挑战的优劣势。

（3）测算技能型人力资本存量，分析技能型人力资本市场供求状况以及技能型人力资本投资与制造业转型升级人才需求的匹配情况。

（4）测算技能型人力资本投资与制造业生产绩效的相关性。论证技能型人力资本对制造业生产绩效的作用机理，分析造成技能型人力资本投资效率和存量变化的相关因素。

（5）分析技能型人力资本的投资积累途径和投资激励机制设计。系统总结技能型人力资本的积累途径，构建政府、企业及家庭不同投资主体对技能型人力资本投资的理论模型，从政府人力资本投资偏好、企业人力资本投资外部性及个人或家庭人力资本投资收益最大化角度出发，对三大主体的人力资本投资行为开展实证研究，从而探析技能型人才供需失衡的根源及现实表现。

（6）分析德国技能型人力资本投资的经验和教训。

（7）总结我国基于制造业转型升级的技能型人力资本投资问题。

第三节　研究思路与研究方法

第一，分析技能型人才的内涵和功能。第二，通过数据分析我国与制造业发达国家在技能型人力资本投资积累水平上的差异，定位我国技能型人力资本的积累水平。第三，验证技能型人力资本投资与制造业转型升级的相关性以及对生产绩效的影响。第四，探析技能型人力资本的积累途径、投资主体和投资激励机制，寻找技能型人才供给短缺的原因。第五，借鉴发达国家技能型人力资本投资的成功经验并提出提升我国技能型人力资本投资的政策建议。

本书在对相关文献系统梳理的基础上，对技能型人力资本的内涵、特点、积累和投资机制进行了深入探究。通过问卷调查和实地访谈了解技能型人力资本的投资积累所面临的现实问题，采用 DEA 方法测算制造业生产效率，并定量分析技能型人力资本投资与制造业生产绩效的相关性以及技能型人力资本投资对制造业技能型人才需求匹配度的影响。从政府人力资本投资偏好、企业人力资本投资外部性及个人或家庭人力资本投资收益最大化角度，构建不同投资主体对技能型人力资本投资的理论模型，探索三大主体投资技能型人力资本的激励机制。采取对比分析法对德国的技能型人力资本投资机制和技能型人才培养模式进行深入探究，为我国技能型人力资本投资优化提供借鉴。

第四节　数据来源

一是世界银行《2012 年中国企业调查》，调查目的是获得我国国有企业、民营企业的运行状况以及商业经营环境的变化。笔者采用了分层抽样方法，收集了我国 2011 年 12 月至 2013 年 2 月期间的企业调查数据，其中包括 2 700 个私营企业和 148 个国有企业。企业按照规模分为小型（519 名职工）、中型（2 099 名职工）和大型（99 以上名职工）企业。本研究只关注制造业，去除回答无效和未回答的样本，保留了 1 553 个样本。

二是各类统计年鉴：2008—2015 年《中国人口和就业统计年鉴》，包括各地区分行业国有单位就业人员数、各地区分行业城镇集体单位就业人员数、各地区分行业其他单位就业人员数。2008—2015 年《中国劳动统计年鉴》，包括职业培训与技能鉴定数据、各地区分行业国有单位就业人员和工资总额、各地区分行业国有单位在岗职工人数和平均工资以及各地区分行业国有单位其他就业人员和平均工资等。《中国工业经济统计年鉴》，包括按地区分组的全部国有及规模以上非国有工业企业主要经济指标、按地区分组的国有及国有控股工业企业主要经济指标以及按地区分组的集体工业企业主要经济指标。

三是调研数据：即对制造业企业转型升级和技能人才基本状况的调查。

第五节　可能的创新点与不足之处

本书针对技能型人力资本投资问题开展研究，深化了人力资本投资研究，拓展了人力资本理论。结合人才分类和马克思主义的人才观，本书将技能型人力资本与其他几类人力资本的异同进行了比较，从"总体工人"、劳动复杂性和阶层分类三方面进一步挖掘了技能型人才的内涵。并从政府、企业及个人或家庭三个投资主体出发系统研究了技能型人力资本投资路径及激励机制，通过政府在普通教育和职业教育之间的投资偏好分析政府的人力资本投资行为，利用外部性理论分析企业的人力资本投资行为，利用最大化假设分析个人或家庭的人力资本投资行为，这是一种新的探索。本书采用定量研究方法测算 8 种转型升级选择路径下技能型人力资本投资对企业生产绩效的影响，具有一定的创新性。

由于研究能力所限，本人在研究过程中难免会缺乏对某些具体问题的深入思考，理论与实证能力都需要进一步加强。同时，文章当中包含大量的国际比较研究和实证研究，需要大量的数据做支撑，由于现实局限，数据的获得和可靠性尚不能得到完全保证。因此，还需要在现有基础上进一步加强经济理论素养并进一步丰富相关数据，进一步完善技能型人力资本对制造业生产绩效相关性检验模型构建和不同投资主体对技能型人力资本投资的激励机制设计。

第一章 理论基础和文献综述

第一节 理论基础

一、人力资本相关理论

学术界就人力资本开展了大量的理论研究和实践探索，并在理论研究与实践探索上经历了多次升华。

（一）人力资本理论演进

人力资本理论演进依次经历了早期人力资本思想、近现代人力资本理论以及人力资本理论新发展等 3 个阶段。

早期人力资本思想还没有成为理论，只是思想的萌芽。首次严肃运用人力资本概念的应该是威廉·配第（William Petty），其在《政治算术》中提出个体劳动能力差异是由个体素质不同所引起的，并提出了"土地是财富之母，劳动是财富之父"的论点。[①] 正式论述人力资本基本思想的是亚当·斯密（Adam Smith），斯密通过观察教育培训的投入产出，提出教育和培训的投入会提高人的劳动技巧和熟练程度，进而提高个体的劳动能力与产出水平，并号召国家应该推动、鼓励甚至强制全体国民接受最基础的教育。[②] 斯密的思想奠定了人力资本基本理论方向，自斯密后，大卫·李嘉图（David Ricardo）深化探究了价值创造的源泉，认为所谓的机器和自然物是不能创造价值的，他进一步将人的劳动分成直接劳动和间接劳动两类，并且认为商品价值是由人的劳动创造的，机器或自然物只是转移

[①] 威廉·配第.政治算术[M].陈冬野，译.北京：商务印书馆，2014：37.

[②] 亚当·斯密.国民财富的性质和原因的研究(下卷)[M].郭大力，王亚南，译.北京：商务印书馆，2008：328-354.

价值却不能创造价值，由此可以看出人的直接劳动是价值创造的源泉。①约翰·穆勒（John Mill）进一步对教育投入产出进行论证，发现教育支出会提高劳动技能和知识水平，从而提高劳动生产率，而且教育支出作为公共事务支出时可以促使技能与知识获得的能力就像机器和工具一样创造更大的国民财富，因此将人力资本纳入国民财富范畴。②之后，萨伊（Say）从教育培训投入产出研究中提出工人劳动生产率的提高依赖于对技艺和能力的投资，并将用于教育培训的费用支出称为积累资本。③来自德国的古典经济学家杜能将资本概念应用于人，并认为人力资本是固定资本的一种④，而历史学家李斯特则提出精神资本概念，指出人类智力成果和积累将形成精神资本，精神资本对国家的生产力水平起决定作用⑤，这种提法与当代西方经济学的人力资本理论具有一致性。阿尔弗雷德·马歇尔（Alfred Marshall）将知识作用充分提升，甚至称之为推动生产力发展的最强大火车头，将教育和训练的作用归结于提高劳动力素质、提升生产率和推动经济增长。⑥马歇尔在《经济学原理》中还对教育的资金使用进行论述，认为教育资金投入不能只关注直接结果，而应该从投资视角看，通过教育会使人们获得更多的机会，指出人力资本投资的长期性。在分析了技术教育的价值后提倡将教育课划分为普通教育、技术教育和选择性教育，区分了政府、家庭以及个人在人力资本投资中的作用，并分析了政府在人力资本投资中的特殊角色，奠定了人力资本投入产出研究的理论框架。综上，早期的人力资本思想以观察总结为主，以国民财富的增长和国家实力的增强为大背景，注重技能和知识的价值，注重对价值来源的寻求，并对教育、培训以及教育投入产出关系进行论证，这在事实上已经奠定了人力资本的基本概念和理论研究方向，尽管并没有明确提出人力资本这一概念，也未对

---

① 大卫·李嘉图.政治经济学及赋税原理[M].郭大力,王亚南,译.南京:译林出版社,2014: 1-24.

② 约翰·穆勒.政治经济学原理及其在社会哲学上的若干应用(上卷)[M].赵荣潜,桑炳彦,朱泱,等,译.北京:商务印书馆, 2009: 131-132.

③ 让·巴蒂斯特·萨伊.政治经济学概论[M].赵康英,符蕊,唐日松,译.北京:华夏出版社,2014.

④ 约翰·冯·杜能.孤立国同农业和国民经济的关系[M].吴衡康,译.北京:商务印书馆,1986: 356-361.

⑤ 弗里德里希·李斯特.政治经济学的国民体系[M].陈万煦,译.北京:商务印书馆,2009: 171-203.

⑥ 阿尔弗雷德·马歇尔.经济学原理（下卷）[M].陈良璧,译.北京:商务印书馆 2005: 238-244.

其内涵进行界定，但为现代人力资本理论发展奠定了思想基础。

近代以来，尤其是 20 世纪后，西方经济学对人力资本的研究得到了长足发展。欧文·费雪（Irving Fisher）首次提出人力资本概念，并将人力资本纳入经济分析理论框架中，从资产定义出发，认为凡是能够产生未来收入的资源都是资产，人的劳动能力和知识存量自然属于资产，而资本是资产的市场价值的衡量。[①]戴维·沃尔什（David Warsh）测算了教育的经济效益，并对不同程度的教育收益进行量化分析。[②]有的学者认为教育和训练是对人的投资，这将对技术进步起决定性作用，只注重物质资本投资的经济增长潜力存在局限性。西奥多·舒尔茨(Theodore W. Schultz)在系统阐述人力资本内涵概念的基础上提出了现代人力资本理论，论述了人力资本投资开发与经济发展的关系以及人力资本的投资价值、投资途径和投资方式等。舒尔茨将教育看成生产性投资而非消费，讨论了教育的投资收益，通过提出包括物质资本和人力资本的全面资本概念，彻底扭转了之前经济理论中以物质资本为中心的观点。[③]爱德华·丹尼森（Edward Denison）验证了舒尔茨的人力资本理论，通过计量模型测算美国 1929—1957 年人力资本对经济增长的作用，计算出人力资本的贡献份额，直接推动了世界各国对教育和人力资本投资的重视，推动了各国教育经费在财政支出中的份额增加。[④]加里 S·贝克尔 (Gary Stanley Becker) 一改舒尔茨注重宏观分析教育与经济增长互动关系的人力资本理论的观点，从微观分析视角出发，将新古典经济学基本工具吸收进来，关注个体的效用最大化、市场均衡和稳定偏好，构建了人力资本投资均衡模型，其所著《人力资本》一书被称为"经济思想中人力资本投资革命"的起点，贝克尔指出人力资本投资的边际成本与未来收益的当前价值相等，认为这是人的生命周期与人力资本投资的均衡条件。[⑤]通过教育可以改善人的未来收益状况，这种投资的支出既是一种消费品的支出，也是一种资本性支出。贝克尔分析了在职培

---

① FISHER I. The Nature of Capital and Income[M]. New York: Augustus M. Kelley Publisher, 1965: 67-75.

② 戴维·沃尔什.知识与国家财富：经济学说探索的历程 [M].曹蓓，段欣，李飞，等，译.北京：中国人民大学出版社，2010：173-187.

③ SCHULTZ T W. Capital formation by education[J]. Journal of Political Economy, 1960, 68 (12): 571-583.

④ DENISON E F. Accounting for United States Economic Growth[M]. Washington, DC: The Brookings Institution, 1974.

⑤ 加里·S·贝克尔.人力资本 [M].陈耿宣，译.北京：机械工业出版社，1987：25-95.

训和高等教育对货币收入和消费的影响，并从成本—效用角度分析家庭生育行为的经济决策。雅各布·明塞尔 (Jacob Mincer) 关注收入分配和人的后天差异，通过构建收益函数，将其用于解释劳动者受教育程度和工作经验引起的收入差别，他发现，增加人力资本投资和提高受教育水平将缩小工人收入乃至个人收入的差距。[①] 明塞尔研究了收入分配和劳动市场行为的关系，在研究收入分配时建立了个人收入与受培训量数量模型，并对美国在职培训投资和收益率进行了测算。综上，可以发现，现代人力资本理论自 20 世纪人力资本理论出现后获得重大发展，将资本理论推广并应用到人力方面奠定了人力资本在物质生产中的决定性作用，在对人力资本的内涵概念做出清晰界定的同时，也对人力资本和教育的经济意义进行了总结。沿着宏观和微观两条道路对其予以验证，宏观上以舒尔茨的理论为基础，通过定量分析各国实践，改变了众多国家的做法，并将人力资本投资放到经济增长的核心地位，重视人力资源开发和人力资本生产；微观上以贝克尔人力资本投资均衡模型、明塞尔的收益函数为基础，同时人力资本投资收益的测算方法更加科学。当然，这一时期的人力资本是作为经济增长的外生因素来看待的。

自 20 世纪七八十年代以来，人力资本理论又取得了新发展。索洛在其严谨的经济数学模型中纳入了人力资本因素[②]，从而将人力资本投资对经济增长的贡献利用生产函数方法做出了分析。此后，罗默和卢卡斯在模型中将人力资本内生化，解决了劳动力增长率外生于经济均衡增长的问题。保罗·罗默 (Paul Romer) 认为知识积累水平很大程度上决定了现代经济的增长，因此需要将知识作为模型中的独立要素，并提出了罗默模型，该内生增长模型将技术进步内生化，他还进一步地将知识分为一般知识和专业化知识，修正了传统经济增长理论中收益递减或不变的假定，推断出特殊的知识和专业化的人力资本能够实现个人自身收益递增。[③] 该模型能够有力解释长期内的经济持续增长、世界各国经济增长率、人均收入水平以及不同企业的增长率的不同。宇泽弘文 (Hirofumi Uzawa) 提出了扩展的新古典经济增长模型，将教育因素纳入模型，构建了包含教育部门和生产部门的两部门模型，修正了索洛模型中的单纯生产部门假设，成了最早的内生性的人

① 雅各布·明塞尔.人力资本研究 [M].张凤林，译.北京：中国经济出版社 2001：25-344.
② 罗伯特·M·索洛.增长论 [M].任峻山，吴经荃，译.北京：经济科学出版社，1988：33-50.
③ ROMER P M. Increasing returns and long run frowth[J]. Journal of Political Economy, 1986, 94(5): 1002-1037.

力资本增长模型。① 罗伯特·卢卡斯 (Robert Lucas) 在宇泽两部门增长模型基础上建立了新增长模型，将人力资本作为核心变量来解释经济增长的内在机制。② 该模型与罗默模型结构相近，整合和发展了舒尔茨的人力资本理论和索洛的技术决定论。阿罗 (K. J. Arrow) 在卢卡斯人力资本积累模型基础上提出"干中学"模型，分析了人力资本积累的外部溢出效应对人力资本积累的反作用。③ 李忠民构建了人力资本研究框架，提出企业人力资本理论，建立了人力资本供求均衡模型。④ 通过对比，可以发现实现人力资本内生化是对这一时期人力资本理论的主要贡献，新增长模型也以人力资本为核心，使其成为经济增长的变量，突出了知识、技术对劳动生产率和生产效率的作用。

（二）人力资本内涵研究

舒尔茨认为由人的知识、技能、经验和健康等要素构成的人力资本相对于物力资本而言也属于资本。⑤ 之后众多学者从不同角度对人力资本的内涵进行了界定，这些内涵界定可以具体分为三大类。

1.投资和收益视角的人力资本内涵

舒尔茨认为人们通过各种投资尤其教育获得的技能和知识是人力资本。贝克尔认为一切能对未来的货币收入和消费带来影响并能导致资源增长的投资都是人力资本投资，包括教育、保健、劳动力流动支出等形成的人力资本。⑥Jorgenson和 Fraumeni 认为人力资本投资是当前支出在将来产生的收益，⑦ 程承坪将人力资本视为能影响未来收益的价值存量⑧，朱必祥细分了未来的价值，包括知识、技能

① UZAWA H. Optimum technical change in an aggregative model of economic growth[J]. International Economic Review, 1965, 6 (1): 18–31.

② LUCAS R E J. On the mechanics of economic development[J]. Journal of Monetary Economics, 1988, 22 (1): 3–42.

③ ARROW K J. The economic implications of learning-by-doing[J]. Review of Economic Studies, 1971, 29(3): 155–173.

④ 李忠民.人力资本——一个理论框架及其对中国一些问题的解释[M].北京：经济科学出版社，1999：88–96.

⑤ SCHULTZ T W. Capital formation by education[J]. Journal of Political Economy, 1960, 68 (6): 571–583.

⑥ 加里·S·贝克尔.人力资本[M].陈耿宣，译.北京：机械工业出版社，1987：25–95.

⑦ JORGENSON D W, FRAUMENI B M. Investment in education and U.S. economic growth[J]. Scandinavian Journal of Economics, 1992, 94: 51–70.

⑧ 程承坪，刘小平.人力资本概念新论[J].科学学与科学技术管理，2001（10）：84–86.

及健康价值。[1]

2. 资本价值视角的人力资本内涵

国内学者李忠民[2]、Lei Yaping 和 Jia Jingfang 指出人力资本是凝结在人体内能够增加其效用并获取收益的价值。[3]张志宏等指出人力资本特指个体创造出的大于自身收益水平的那部分价值创造[4]与马克思提出的"资本是能够带来剩余价值的价值"的观点较为符合。肖兴政则将人力资本置于劳动力市场，认为人力资本是在劳动力市场上具有一定价格（或价值）的素质、能力或技能。[5]张文贤认为人力资本是在劳动力市场上以代价获得的能力或技能。[6]刘勇等指出资本是能产生货币化的经济价值存量，人力资本同样具有这种特征，因而也是资本。[7]Pantzalis 和 Park 还给出了具体人力资本价值的测算方法，即行业内全体员工的普通股市值比例的中位数乘以企业的员工人数获得。[8]

3. 资本要素视角的人力资本内涵

有的学者将知识作为人力资本的构成要素，并研究一些特殊行业的人力资本。Hitt 等认为人力资本由个体的知识水平体现，并将知识分为显性知识和隐性知识，前者可以编纂、表达且易于转移，后者形成于日常活动及企业生产中，通常不可编纂，且不易于表达和转移。[9]Reed 等认为人力资本由无形知识和有形知

---

① 朱必祥.人力资本理论与方法[M].北京：中国经济出版社，2005：52.

② 李忠民.人力资本——一个理论框架及其对中国一些问题的解释[M].北京：经济科学出版社，1999：30-31.

③ LEI Y P, JIA J F. Human capital investment for firm: an analysis[J].Management Science and Engineering, 2007, 1 (2): 29-35.

④ 张志宏,张生太,段兴民.建立人力资本分享产权的价值创造与分配制度[J].山西师大学报(社会科学版),2004（2）：5-11.

⑤ 肖兴政.人力资本论[M].成都：西南交通大学出版社2006：7.

⑥ 张文贤.人力资本[M].成都：四川人民出版社，2008：24.

⑦ 刘勇,张徽燕,李端凤.人力资本的定义与分类研究述评[J].管理学家(学术版),2010(11)：49-57.

⑧ PANTZALIS C, PARK J C. Equity market valuation of human capital and stock returns[J]. Journal of Banking & Finance, 2009, 33(9): 1610-1623.

⑨ HITT M A, BIERMAN L, SHIMIZU K. Direct and moderating effects of human capital on strategy and performance in professional service firms: a resource-based perspective[J]. Academy of Management Journal, 2001, 44(1): 13-28.

识组成，强调企业组织和市场的特殊性。[①]而 Laroche 则从能力要素角度定义人力资本，认为人力资本除了包括后天取得的能力之外，还包括个人天生的能力，并且认为这些均有助于劳动生产率的提升。[②]还有的学者从知识和技能双要素出发研究人力资本，Pennings 等提出人力资本所提供的知识和技能专业性都很强。[③]刘海英认为知识、技能的累计构成人力资本。[④]还有学者从知识、技能和能力等多个要素出发研究人力资本，如 Becker 认为人力资本包括技术和能力、个性、外貌、名声以及信誉。[⑤]Hatch 和 Dyer 将员工的知识和技能认定为人力资本。[⑥]Husilid 等认为人力资本的主要要素是知识、技艺和能力。[⑦]Youndt 和 Snell 把人力资本进一步细分为知识、技能以及经验。[⑧]Pantzalis 和 Park 认为通过接受教育和培训形成的能力以及人的身体和智力技能共同构成了人力资本。[⑨]国内学者也认同多要素视角的人力资本内涵界定，将其细分为信息、技术[⑩]、知识[⑪]、能力、健康[⑫]、

① REED K K, SRINIVASAN N, DOTY D H. Adapting human and social capital to impact performance: some empirical findings from the U.S. personal banking sector, Journal of Managerial Issues, 2009, 21, (1): 36–57.

② LAROCHE M, MéRETTE M, RUGGERI G C. On the concept and dimensions of human capital in a knowledge-based economy context[J]. Canadian Public Policy, 1999, 25 (1): 87–100.

③ PENNINGS J M, LEE K, WITTELOOSTUIJIN A V. Human capital, social capital and firm dissolution[J]. The Academy of Management Journal, 1998, 41(4): 425–441.

④ 刘海英, 张纯洪. 人力资本"均化"与中国经济增长质量关系研究[J]. 管理世界, 2004（11）: 15–21.

⑤ BECKER G S. Human Capital(2nd)[M]. Chicago: The University of Chicago Press, 1975: 46.

⑥ HATCH N W, DYER J H. Human capital and learning as a source of sustainable competitive advantage[J]. Strategic Management Journal, 2004, 25(12): 1155–1178.

⑦ HUSILID M A, JACSON S E, SCHULER R S. Technical and strategic human resource management effectiveness as determinants of firm performance[J]. The Academy of Management Journal, 1997, 40(1): 171–188.

⑧ YOUNDT M A, SNELL S A. Human resource configuration, intellectual capital and organizational performance[J]. Journal of Managerial Issues, 2004, 16(3): 337–360.

⑨ PANTZALIS C, PARK J C. Equity market valuation of human capital and stock returns[J]. Journal of Banking and Finance, 2009, 33(9): 1610–1623.

⑩ 冯子标, 焦斌龙. 论人力资本营运[J]. 管理世界, 1999（5）: 203–204.

⑪ 李玉江. 区域人力资本研究[M]. 北京: 科学出版社, 2005: 23–24.

⑫ 郭龙, 付泳. 人力资本理论问题研究[M]. 成都: 电子科技大学出版社, 2014: 53.

技能、经验①、教养、员工素质和工作态度②，并分别从智力、能力等方面对上述人力资本的构成要素做了补充和添加。此外，亦有学者从资本的表现形式角度定义人力资本，如张正堂等认为人力资本是教育背景、工作和培训经历等员工信息，这些信息可由企业通过观察等方式获取。③

通过对比，尽管学术界对人力资本内涵定义有不同观点，但技能（技术）在三种视角的人力资本内涵界定中都是不可或缺的构成要素④，并且各构成要素相互之间是异质性的，不存在等级优劣之分。大多数学者倾向于从要素视角定义人力资本，但目前尚未形成统一的界定标准。从资本价值定义人力资本缺乏针对性，从人力资本的表现形式定义其实是对人力资本进行测量，但很多隐性的人力资本内涵无法测量从而有失精确性。

（三）人力资本分类研究

最早的人力资本分类思想来自马歇尔，他将人的能力分为通用能力和特殊能力。⑤

一是从人力资本自身属性划分人力资本类型。罗默、卢卡斯认为专业化的人力资本是推动经济增长的发动机。⑥赫尔普曼与克鲁格曼将人力资本分为熟练劳动与非熟练劳动，熟练劳动的比重与一个国家或地区的经济增长水平息息相关。⑦贝克尔将人力资本分为专业性（特殊性）和通用性（一般性）资本，并提出通用性培训对所有企业（当然包括提供培训的企业）有相同作用，从而推动企业的边际产出同等程度地提高；专业性培训不会对受训人所在的企业以外的企业的生产

① 葛玉辉.人力资本原理[M].北京：经济管理出版社，2010：15-16.

② 严善平.人力资本、制度与工资差别——对大城市二元劳动力市场的实证分析[J].管理世界，2007（6）：4-13.

③ 张正堂，陶学禹.国外企业经营者报酬理论研究的新进展[J].管理科学学报，2002，5（6）：83-90.

④ 马振华.我国技能型人里资源的形成与积累研究[D].天津：天津大学，2007.

⑤ [英]阿尔弗雷德·马歇尔.经济学原理（下卷）[M].陈良璧，译.北京：商务印书馆，2005：238-244.

⑥ LUCAS R E J. Why doesn't capital flow from rich to poor countries?[J]. The American Economic Review, 1990, 80 (2): 92-96.

⑦ 埃尔赫南·赫尔普曼，保罗·R.克鲁格曼.市场结构和对外贸易——报酬递增、不完全竞争和国际经济[M].尹翔硕，尹翔康，译.上海：上海人民出版社，2009.

率产生影响。[1]Gibbons[2] 根据人力资本所服务的特定任务、特定企业以及特定行业区分了各类人力资本。Phan 和 Lee 则将人力资本分为企业特定和非企业特定两种。[3]朱明伟等按照通用性和专用性特点将企业内的人力资本进行了区分。[4]朱必祥根据人力资本的自然属性及其应用范围和收益特征将人力资本划分为教育人力资本、知识人力资本、能力人力资本和健康人力资本。[5]孟大虎对专用性人力资本进行了系统分类，进一步从专业、企业、职业、行业以及体制等视角细分了各类人力资本。[6]丁栋虹、易先忠还根据人力资本的异质性和同质性来区分人力资本。[7]二是根据所蕴含的内容划分人力资本类型。李建民根据人力资本所蕴含的技术与知识、教育与健康以及迁移与流动等内容将其进行了分类。[8]兰邦华将人的知识、技能和体力等划分为基础性人力资本，将人的道德素质、信誉和社会关系等划分为交易性人力资本。[9]李红霞和席酉民根据具体的岗位特征将其划分为劳力型、信息型、技术型和经营型等四种人力资本。[10]张志宏等则根据职业特征将人力资本分为简易型、技能型、技术型和管理型人力资本。[11]张华等人认为人力资本可以分为生态位型、科技型和管理型人力资本。[12]姜雨把人力资本分为技

① BECKER G S. Investment in human capital: a theoretical analysis[J]. Journal of Political Economy, 1962, 70(5): 9-49.

② GIBBONS R, WALDMAN M. Task-specific human capital[J]. American Economic Review, 2004, 94(2): 203-207.

③ PHAN P H, LEE S H. Human capital or social networks: what constrains CEO dismissal?[J]. Academy of Management Best Papers Proceedings, 1995 (1): 37-41.

④ 朱明伟, 杨刚. 企业人力资本管理研究 [J]. 南开管理评论, 2001, 4 (5): 35-38, 65.

⑤ 朱必祥. 人力资本理论与方法 [M]. 北京: 中国经济出版社, 2005: 64-66.

⑥ 孟大虎. 专用性人力资本研究——理论及中国的经验 [M]. 北京: 北京师范大学出版社, 2009: 19-20.

⑦ 易先忠, 张亚斌. 技术差距与人力资本约束下的技术进步模式 [J]. 管理科学学报, 2008, 11 (6): 51-60.

⑧ 李建民. 人力资本通论 [M]. 上海: 三联书店, 1999: 47-49.

⑨ 兰邦华. 管理学前沿人本管理内涵与特征 [J]. 经济管理, 2000 (7): 61~62.

⑩ 李红霞, 席酉民. 创新型人力资本及其管理激励 [J]. 西南交通大学学报, 20023 (1): 47-51。

⑪ 张志宏, 段兴民. 以 EVA 为内核的人力资本产权激励制度研究 [J]. 南开管理评论, 2004, 7(5): 77-80, 86.

⑫ 张华, 刘小军, 李汉光. 物质资本选择人力资本的博弈分析 [J]. 管理学报, 2009, 6 (7): 895-897.

能型、企业家型和研发型人力资本。[①]

此外，也有学者基于人力资本所属主体来分类，Pennings 等人将其划分为企业家人力资本和雇员人力资本。[②] 李平等将人力资本分为企业家资本、经理人资本以及员工资本和团队资本。[③] 通过梳理，可以看出，现有人力资本分类研究大多基于其属性展开，以满足研究者各自研究主题的需要，且尚未形成统一的观点。

（四）人力资本特征研究

资源稀缺性、价值性和溢出效应是人力资本的三个基本特征。人力资本的资源稀缺性是指具有经济价值的人力资本属于稀缺物品，企业必须支付一定的成本来获得所需人力资本。人力资本的价值性根源于人的能动性，生产劳动是价值创造的源泉。人力资本的溢出效应体现在人力资本价值的发挥受到个体之间相互学习交流和示范作用的影响，并且对企业内外人力资本总量水平带来影响。[④]

（五）关于人力资本作用的研究

一是推动经济增长。根据新增长理论，人力资本积累水平的差异导致了全球各个国家人民生活水平的不同。人力资本在经济增长中起决定性作用，而物质资本起辅助性作用[⑤]，并且人力资本还决定了物质资本的投资数量和效益。二是价值创造。人力资本投资和积累是个人收入增长、企业发展和国民经济持续增长的直接驱动力。

通过对人力资本理论的梳理我们可以发现，无论是关于人力资本的内涵研究还是分类研究都涉及技能，技能型人力资本在人力资本体系中占有重要一席。针对人力资本投资研究的文献大多是从整体上就人力资本投入产出开展研究，而进一步细分人力资本，如技能型人力资本并专门针对技能型人力资本投资问题的研究很少。随着经济增长理论研究的不断深入，作为推动经济增长的主动力的人力资本投资、知识和技能的积累、科技进步的作用愈发凸显。在实践中，各国也普

---

① 姜雨，沈志渔.技术选择与人力资本的动态适配及其政策含义 [J].经济管理，2012, 34（7）: 1-10.

② PENNINGS J M, LEE K, WITTELOOSTUIJIN·A V. Human capital, social capital and firm dissolution[J]. The Academy of Management Journal, 2007, 41 (4): 425-440.

③ 李平，张庆普.企业关键智力资本识别的社会网络分析法研究 [J].南开管理评论，2008, 11（3）: 72-79.

④ 张明龙.产业聚集的溢出效应分析 [J].经济学家，2004（3）: 77-80.

⑤ LUCAS R E J. Making a miracle[J]. Econometrica, 1993, 61(2): 251-272.

遍提高了对人力资本投资问题的重视程度。不过，总体上我国人力资本理论的研究尚未形成自己的研究范式，尚未跳出西方人力资本理论研究范式，现有研究更多注重通过介绍、分析国外相关经验为我国提供借鉴与参考，缺乏深入思考和独到见解，往往以偏概全或生搬硬套。

二、产业转型升级相关研究

对产业升级开展研究可追溯到威廉·配第[①]，之后研究者从不同视角持续展开对产业转型升级的相关研究，沿着宏观层面→产业层面（产业间和产业内）→微观企业路径逐步深入。

（一）"产业结构"视角下的产业转型升级

"产业结构"一词是在改革开放后提出的，内容接近于"经济结构"。吴崇伯最早使用"产业升级"，指出产业升级是"产业结构的升级换代"[②]，之后产业结构的内容由产业升级扩大至产品升级、技术升级。[③] 蒋永志从内生经济增长分析产业升级，将经济发展过程表述为产业结构的不断调整和升级以及轻工业化向重化工业的转化。[④] 傅耀更进一步，他关注经济发展中的主导产业，认为产业升级的核心是主导产业的更替。[⑤] 史晋川集中了上述学者的观点，将国民经济三次产业的结构调整归结为产业升级的第一个层次；将不同行业结构由劳动密集型、低附加值的传统产业向资本技术密集型、高附加值的产业转变归结为产业升级的第二个层次，即发生在产业间的升级；将产业内的转型升级归结为产业升级的第三个层次，落脚点是企业，即企业从增强竞争力的目标出发，对生产的产品、提供的服务的内容和范围进行改善，对内部的生产要素和技术手段进行调整等。[⑥] 有的学者从产业生命周期视角研究产业升级，认为成熟产业或衰退产业在失去竞争优势后不得不进行的结构调整和产业转移属于产业升级。朱卫平等从要素禀赋（比较优势）动态转化理论定义产业升级，指出依赖于低端投入要素的旧主导产

① 威廉·配第.政治算术 [M].陈冬野，译.北京：商务印书馆，2014：10-100.
② 吴崇伯.论东盟国家的产业升级 [J].亚太经济，1988（1）：26-30.
③ 孙自铎.结构调整思路：由产业升级转向产品、技术升级 [J].江淮论坛，2003（3）：14-20.
④ 蒋永志.工业化先行地区产业升级路径研究 [J].中国工业经济，2005（5）：74-80.
⑤ 傅耀.产业升级、贸易政策与经济转型 [J].当代财经，2008（4）：73-79.
⑥ 史晋川.产业升级与经济转型 [J].浙江经济，2009（19）：30-31.

业在减缓甚至衰退，而新的主导产业通过充分利用高端要素而在技术、组织、产品上有所变化，这种要素禀赋依赖由低到高变化、技术进步、产业结构提升便是产业升级。[①]

（二）"价值链"视角下的产业转型升级

Dieter Ernst 提出" industrial upgrading"，通过分析韩国章鱼式多元扩张产业竞争战略，他认为韩国的这种战略不是产业升级，因为其更多注重产业结构调整，对内在的产业能力提升有所忽略，并没有带来知识累积，对产业素质和效率提升也没产生显著影响。[②]Gereffi 等人在 1999 年从价值链视角正式提出产业升级，并被广泛接受，他们通过分析东亚服装产业，认为产业升级即一个国家或地区的企业或者产业在价值链上的攀越。[③]Gereffi 在后续研究中将价值链视角的产业升级分为生产者驱动产业升级和购买者驱动产业升级。随着全球化的深化，价值链覆盖的范围更广，Kaplinsky 从全球动态价值链审视产业升级，并将产业升级细分为四类，分别是工艺（技术）升级、产品升级、功能升级和价值链间升级。[④]Humphrey 等认为其和产业结构调整的意义类似，即产业结构升级其实是价值链升级的一种。[⑤]潘悦从跨国公司投资加工贸易研究中总结出产业升级的演进过程，认为该演进过程呈现阶梯状，国际贸易品的生产和出口遵循最终产品加工组装→零部件分包→中间产品→国外品牌产品（OEM 和 ODM）→自创品牌的过程。[⑥]隆国强通过分析产业间升级、针对技术与密集资本环节的升级以及针对信息与管理环节的升级等进而指出了发展中国家产业升级的三个方向。[⑦]孔令夷

[①] 朱卫平，陈林 . 产业升级的内涵与模式研究 [J]. 经济学家，2011（2）：60-66.

[②] ERNST D. Catching-up, crisis and industrial upgrading, evolutionary aspects of technological learning in Korea' s electronics industry[J]. Asia Pacific Journal of Management, 1998, 15 (2): 247-283.

[③] GEREFFI G. International trade and industrial upgrading in the apparel commodity chain[J]. Journal of international economics, 1999, 48 (1): 37-70.

[④] KAPLINSKY R. Globalization and unequalisation: what can be learned from value chain Analysis?[J]. Journal of Development Studies, 2000, 37 (2): 117-146

[⑤] HUMPHREY J, SCHMITZ H. How does insertion in global value chains affect upgrading in dustrial Clusters?[J]. Regional Studies, 2002, 36 (9): 1017-1027.

[⑥] 潘悦 . 在全球化产业链条中加速升级换代——我国加工贸易的产业升级状况分析 [J]. 中国工业经济，2002（6）：27-36.

[⑦] 隆国强 . 全球化背景下的产业升级新战略——基于全球生产价值链的分析 [J]. 国际贸易，2007（7）：27-34.

等认为我国通信和电子设备制造业徘徊于价值链"微笑曲线"的低端，可以通过"模仿→自主创新""制造型→制造服务型""成熟市场及通用设备→新兴市场及定制化设备"等3种途径进行产业升级，但是不同类型的企业在产业转型升级中的策略重点应该不同，其中核心企业要从国家价值链出发，采取跨越式转型升级的策略；而边缘企业则应选择嵌入全球价值链的策略。[①] 黎欣指出制造业转型升级的目标是工业高端化、智能化、绿色化和服务化，为了达到该目标需要在劳动力创新、产业集群、科技创新以及"互联网 +"等方面努力。[②] 刘世锦从供给侧改革出发，认为产业升级落脚点是对产业进行退出、优化和升级。[③] 郭将等从产品空间结构角度分析产业升级，认为产业升级方向是优先选择距离相近的产品，并且高复杂度、高连通性的产业更容易完成产业升级。[④]

　　本研究旨在关注制造业的产业升级，并且重点结合人力资本投资问题展开研究。由于制造业包括很多行业（轻纺工业、资源加工工业、机械和电子制造业等），因此本研究的产业转型升级包括产业间和产业内的转型升级[⑤]，具体来说，产业间的转型升级将关注制造业下不同行业的劳动—资本构成和附加值状况等，对应着价值链中的价值链间升级。[⑥] 产业内则关注制造业企业如何具体转型，在后续章节中体现为企业转型升级的路径，具体包括新技术和新设备、新的质量控制体系、新的管理流程、提供新技术培训、新产品和新服务、改进产品和服务、降低成本、提高产品灵活性等8种路径，这8种路径分别对应着价值链中的工艺（技术）升级（新技术和新设备、新的质量控制体系、新的管理流程）、产品升级（改进产品和服务、降低成本）和功能升级（新产品和新服务、提高产品灵活性）。由于重点关注技能型人力资本投资，所以本研究在关注产业升级时也考察了要素禀赋（比较优势）的动态转化，以及劳动力作为投入要素，其数量、成本和素质的提升究竟会对产业升级产生何种影响。

---

① 孔令夷，楼旭明. 全球化背景下我国通信和电子设备制造业转型升级型态及模式选择 [J]. 经济体制改革，2014（3）：94-98.

② 黎欣. 供给侧改革背景下广东省制造业创新发展研究 [J]. 对外经贸，2016（8）：74-76.

③ 刘世锦. 推进供给侧结构性改革，促进产业升级 [J]. 全球化，2016（2）：62-64.

④ 郭将，赵景艳. 产品空间结构视角下的产业升级研究——以江苏省装备制造业为例 [J]. 技术与创新管理，2016，37（2）：204-209.

⑤ 史晋川. 产业升级与经济转型 [J]. 浙江经济，2009（19）：30-31.

⑥ HUMPHREY J, SCHMITZ H. How does insertion in global value chains affect upgrading in dustrial dusters?[J]. Regional Studies, 2002, 36 (9): 1017-1027.

（三）技能型人力资本在产业升级过程中的作用和功能

产业升级推动经济增长和收入增加。企业在转型升级过程中，其产品结构和技术含量影响人力资本的知识、技术和技能，以及他们接受新知识和新技术的能力和积极性。促进产业升级需要在多方面努力，不仅要充分发挥市场力量，而且要提高政府的现代化治理能力和治理水平，政策上要给产业发展以宽松的环境。[1]在制度设计方面，需要构建良好的国家（地方）法律制度、政府管理制度、企业制度和社会治理制度。[2]同时要在专业化、技术创新能力、品牌战略、管理创新等方面有所强化。[3]产业升级离不开劳动力素质的提升，对技能型人才而言，产业升级对其能力和技能提出了新要求，技能型人才需要技能高超、理论全面、技术知识素养高等才能适应产业升级的要求。同时，技能型人力资本的提升有助于提升中国制造业的整体水平并承接发达国家制造业的转移[4]；有助于制造业提高效益，发挥比较优势，在提高实力的同时降低消耗，保证可持续发展。[5]从技能型人力资本的功能来看，其属于制造业企业转型升级的重要资源和必备要素，是打造企业核心竞争力的重要要素之一，是制造业行业产业升级的前提条件。[6]技能型人力资本投资积累对产业升级具有正效应，提升技能型人力资本的增量、存量、流动性和配置效率，发挥技能型人才的生产功能和知识溢出效应，有助于增强产业创新能力，加速产业间的扩散与转移，推进企业沿着价值链阶梯演进并实现产业升级。

---

① 吕玉霞.区域经济一体化视角下的政府组织新形势 [J].经济，2016（12）：79-80.

② 王国平.产业升级中的区域协调发展 [J].上海行政学院学报，2016，17（1）：4-13.

③ 孔令夷，楼旭明.全球化背景下我国通信和电子设备制造业转型升级型态及模式选择 [J].经济体制改革，2014（3）：94-98.

④ 张国军，陈传明.全球化视角下的供应链管理 [J].经济管理，2003（12）：47-51.

⑤ 袁平凡.竞争优势视觉下我国制造业发展路径选择与策略分析 [J].武汉交通职业学院学报，2007，9（3）：68-72.

⑥ 孔宪香.技能型人才是我国制造业发展的核心要素 [J].郑州航空工业管理学院学报，2008，26（1）：72-75.

第二节　技能型人力资本的相关研究

一、技能内涵

技能是指掌握并能够运用专门技术的能力。对技能内涵的界定受到研究领域和范畴的影响，来自经济学、管理学、教育学和心理学等研究领域的研究者分别根据自身研究领域或研究角度给出了技能的定义。《辞海》中的技能和技巧是等同的；经济学研究领域侧重从社会分工和人力资本投资角度定义技能，Braverman 指出技能是在社会分工和个体分工基础上形成的，且技能水平的高低与劳动力成本相关[1]；斯诺认为技能是行为和认知活动的结合，这种定义突出了技能结构中各因素的相互联系。管理学研究领域则从职业需求的角度根据不同职业定义了技能，注重的是职业技能。Robert Katz 将技能分为技术性（technical）技能、人际（human）技能和概念性（conceptual）技能三类，技术性技能强调对一定活动的理解和熟悉，注重方法、过程、程序及技巧，人际技能关注如何在特定工作中调整组织，概念性技能具体指掌握组织整体的能力。[2]Koike Kazuo 提出"知性技能"概念，认为科技发展和应用工作从熟练技术转变为机械操作，劳动者技能随之变成控制机械设备的能力。[3] 教育学研究领域侧重通过动作技能和认知技能两方面定义技能，《教育词典》注重技能的取得过程，将其划分为体能、心能和社会能力，进一步分为心智技能和动作技能（操作技能），这种划分忽视了技能与知识的联系，可能导致机械模仿和重复练习。Bilodeau 指出操作技能主要是操纵器械的能力。[4]Anderson 将技能获得过程分为尝试、联结、协调和精练

---

① BRAVERMAN H. Labor and monopoly capital: the degradation of work in the twentieth century[M]. New York: Monthly Review Press, 1974.

② KATZ R L. Skills of an effective administrator[J]. Harvard business review, 1955, 33(1): 33-42.

③ KOIKE K. Training of Japan's corporate human resources[M]. Tokyo: Chuokoron-sha, Inc, 1997.

④ BILODEAU E A, BILODEAU I M. Motor-skills learning[J]. Annual Review of Psychology, 1961, 12 (1): 243-280.

三个阶段。[①] 郑俊乾等强调动作技能要达到身体运动迅速、精确、流畅和娴熟，操作技能需要经过练习并加以完善，认为技能形成是一个试练、熟练、再试练、再熟练的循环往复的过程。[②] 心理学研究领域同样侧重通过动作技能和认知技能两方面定义技能，将技能具体分为操作技能和心智技能，分别控制操作活动和心智活动，强调个体知识经验的作用，如皮连生不仅强调练习对技能形成的基础性作用，而且认为其遵循一定的规则或操作程序，并将技能分为动作技能、智慧技能和认知技能。[③] 认知主义将知识、技能和策略统一在知识范畴下，认为技能属于知识，无论是动作技能、智慧技能还是认知策略，只不过是程序性知识的不同表现形式，该学说其实没有认清技能的本质，同时否定了技能训练。系统论对技能也有一个定义，其将技能视为一种接近自动化、完善化和复杂化的动作系统，认为人的活动由一系列动作方式组成，特定的动作方式越熟练，动作自动化成分越多，动作系统越完善，活动效率越高，从而有利于快速完成任务。

二、技能型人才界定及其属性

社会人才分为学术型人才和应用型人才两类（表1-1）。前者包括科学型和理论型人才，其主要功能是发现和研究客观规律。后者主要指应用客观规律指导实践的人才，一是能够从事设计、决策、规划等工作的工程型人才；二是在生产一线或工作现场从事为社会创造直接效益的工作，能够将工程型人才的设计、决策、规划等转换成物质形态的技术型人才和技能型人才。技术型人才主要应用智力技能完成任务，又可以称为工艺型人才、执行型人才、中间型人才，活跃在生产第一线或工作现场，按照"总体工人"可分为生产类、管理类、职业类三种，如表1-2所示。与工程型人才相比，要求技术型人才掌握的理论少，但是掌握的相关专业知识面要广，要具备一定的操作技能尤其是生产现场的技能，并且群体活动的协同性也要较高。技能型人才主要依靠操作技能进行工作，又称技艺型人才或操作型人才，同样也是从事第一线生产或现场工作。技能型人才与技术型人才有区别也有交叉重叠之处，且二者区分日趋模糊，相同点在于两者都需要具备一定的操作技能尤其是现场工作的技能，都需从事第一线生产或现场工作，都

① ANDERSON J R. The architecture of cognition[M]. Cambridge, MA: Harvard University Press, 1983.

② 郑俊乾.技能训练方法简介[J].中国职业技术教育，2005（15）：47-49.

③ 皮连生.知识分类与目标导向教学——理论与实践[M].上海：华东师范大学出版社，1998.

需要具备综合应用各种知识解决实际问题的能力，都属于复杂劳动，其所创造的价值是简单劳动的"倍加"[1]，创造使用价值和价值属于推动先进生产力发展和社会进步的重要力量，在生产资料占有关系方面，两者与先进生产力的联系比较紧密，是工人阶级的一部分。[2] 不同之处是技能型人才是脑力劳动和体力劳动的结合，但更接近于传统工人从事的生产性劳动，对二者的区别多在于操作技能的熟练程度、专业知识含量的多寡和经验的丰富程度，对二者的判定需要结合具体实际生产情况。

从人才评价制度分析看，只有应用型人才中的技术型人才没有相应的评价体系，学术型人才（科学型人才和理论型人才）和应用型人才（工程型人才和技能型人才）都有相应的评价体系。学术型人才按照专业技术人才评价体系设有高级、中级和初级三个等级；应用型人才中的工程型人才按照专业技术人才评价体系设有技术员或助理工程师（初级）、工程师（中级）和高级工程师（高级）三个等级；应用型人才中的技能型人才按照国家职业资格制度评价，由低到高分为五级（初级）、四级（中级）、三级（高级）、二级（技师）和一级（高级技师）等五个等级。

表1-1 人才的分类

人才		复合型人才专业技术人才职称	人才评价制度		承担教育机构	现在职业教育体系	人才培养目标
			专业技术人才职称	职业资格等级系列			
学术型人才	科学型人才		高级、中级、初级		高等教育		
	理论型人才		高级、中级、初级		高等教育		

[1] 杨尧忠.对新的社会阶层社会身份定位的理论创新[J].财经政法资讯，2003，19（1）：12-16.
[2] 李少斐.理论掌握新社会阶层的前沿探讨——以T市非公领域专业技术人员群体为考察对象[J].理论探索，2013（6）：51-54，125.

人　才		复合型人才 专业技术人才职称	人才评价制度		承担教育机构	现在职业 教育体系	人才培养 目标
			专业技术人 才职称	职业资格 等级系列			
应用型人才	工程型人才	工程技术型人才	技术员或助理工程师、工程师、高级工程师		大学本科		
	技术型人才				大学专科、本科、技术学院、社区学院、职业技术学院		
	技能型人才	技术技能型人才		五级（初级）			
				四级（中级）	中等职业学校和相关培训机构	中等职业教育	技能型人才
				三级（高级）	高职高专院校和相关培训机构	高职专科层次	高技能人才（高素质技能型专门人才）
				二级（技师）	应用本科院校和相关培训机构	高职本科层次	技术技能型人才
				一级（高级技师）	应用本科院校和相关培训机构	专业硕士	发展型、复合型和创新型的技术技能人才

资料来源：严雪怡①、王玲②。

① 严雪怡.试论人才分类的若干问题 [J].职教通讯，2000（8）：9-12.
② 王玲.高技能人才与技术技能型人才的区别及培养定位 [J].职业技术教育，2013，34（28）：11-15.

表1-2　技术型人才的分类

类　别	内　容
生产类	工厂技术员、工艺工程师、农艺师、畜牧师、植保技术员等
管理类	车间主任、作业长、工段长、设备科长、护士长、护理部主任以及行政机关中的中高级职员等
职业类	会计、统计、牙技师、导游、空勤人员、农业生产经营者等

资料来源：严雪怡（2000）。

　　技能型人才属于"总体工人"的一部分。随着劳动过程本身的协作性提高和分工细化，生产工人概念扩大，劳动构成呈现多层次化，管理工作者、工程师、工艺师以及教员等所从事的劳动都是创造价值的劳动。"总体工人"概念的提出扩大了生产工人的概念，工人也成为"总体工人"的一个器官，完成其所属的某一种职能[①]，随着工业化的持续推进和科技进步、自动化机器设备和机器人的应用，生产分工细化，体力劳动被机器代替，物化劳动大幅度增加，"总体工人"从体力劳动者向脑力劳动者转化。根据"科学—技术—生产"一体化系统图，现代企业中"总体工人"包括现场工作人员和非现场工作人员，主要由三部分组成：一是不在现场的科学人员，如咨询工作者、科学家和发明家等，他们的劳动形式是科学研究，是非直接的生产工人，属于从事脑力劳动的"白领"；二是"准在场的"技术人员，他们的劳动形式是研究技术成果，注重应用性和开发性，从事技术创新，是非直接的生产工人，包括技师和高中级技工等"灰领"和专业技术人员等"白领"；三是企业现场的生产工人，在车间或生产流水线上直接操作，从事传统意义上的生产劳动，是总体工人中的直接的生产工人，即所谓"蓝领"。

　　技能型人才属于社会生产劳动者。按照劳动的复杂程度和不同工作岗位对劳动的客观要求，社会生产劳动者被划分为四个层次：一是简单型体力劳动者，其劳动是单纯的体力耗费，没有或很少是由于科学技术发展而导致脑力耗费，在不同部门和行业中的社会分工表现不明显，对专门培养和训练的需求小。二是技术型体力劳动者（也称技术工人），其劳动具有很强的部门和行业生产技术特征，

---

① 中共中央马克思恩格斯列宁斯大林著作编译局．马克思恩格斯文集（第5卷）[M]．北京：人民出版社，2009：852.

技术的形成需要经过专门操作训练，专业教育、培养和训练费用在劳动力价值构成中占比较大。技术型体力劳动者可以进一步分为劳动密集型、资金密集型和知识密集型三类，脑力耗费比重依次逐渐增大，广泛存在于第二产业。三是职能管理型劳动者，包括工程技术管理者和非工程技术职能管理者两类，如工业企业中的财务、统计、计划、供销以及劳动人事等部门的管理人员，从事脑力劳动，能运用专业基本理论与知识解决生产实际问题，就业之前须经过长期专业理论和实践能力的教育、培养和训练。四是经营管理型劳动者，该类劳动者不仅需要掌握专门知识并且能够综合运用知识，尤其需要具备运筹能力、决策能力以及风险意识。

技能型人才处于一定社会阶层。由于在人民内部（工人、农民、干部等）出现阶层分化[①]，工人阶级分化产生了"灰领"或"白领"工人。具体包括工人阶级中的干部阶层、专业技术人员阶层以及以中高级技工为主的技术工人阶层。[②] 党的十六大报告中"确立劳动、资本、技术和管理等生产要素按贡献参与分配的原则"对应的是劳动阶级（工人和农民）、资本所有者阶级、专业和技术人员阶级以及管理者阶级。根据陆学艺和郑杭生的研究，当代中国社会阶层结构由 10 个社会阶层和 5 种社会地位等级组成，其中技能型人才对应第 8 个阶层（产业工人阶层），在 5 种社会地位等级中，中高级技术工人属于中中层，一般工人属于中下层。

三、技能型人力资本的特征和作用

技能型人力资本属于人力资本的一种，具有人力资本普遍具有的资源稀缺性、价值性和价值溢出效应、价值难以评估以及收益不确定等特性，除此之外，技能型人力资本还有其自身特征，具体表现为：一是工作现场性，技能型人才工作在生产（建设、管理、服务）第一线或工作现场；二是工作活动实践性，技能型人才在具体作业一线工作，对机械设备进行直接操作、检验和维护等；三是工作层次基础性，技能型人才的工作效果比较直观，直接表现为劳动的物化过程，直接关系到生产的效率、效益与质量，是对技术和工艺的微创新需求的最早提出者，发挥创新的基础性作用；四是工作操作的规范性，技能型人才在具体操作过

① 潘永江.代表人民利益与"新的社会阶层"[J].理论前沿.2003（2）：13-15.
② 王德宝.科学分析当代中国阶级阶层的新变化——用马克思主义阶级分析法看待党的阶级基础的增强和群众基础的扩大[J].南京林业大学学报（人文社会科学版），2004，4（2）：5-11.

程中必须遵守一定的技术规范和要求，否则会增加不必要的成本并带来风险；五是工作环境的适应性，技能型人才必须以最快的速度适应现场，及时发现和处理面临的现场问题，同时随着产业升级和科技发展，技能型人才的内涵和外延均会发生变化；六是工作环节的专业性，随着社会分工深化以及价值链生产的广泛应用，技能型人才所承担的工作愈加细化，对专业化的要求越来越高，技能型人才只能关注产品生产的某一环节，因此其专业化水平也逐步提高，并且其一旦其掌握某种技能，则变成自身专有的本领[1]；七是工作团队的合作性，由于每个技能型人才是"总体工人"的一部分，尽管专业性有所提高，但是为了完成工作任务，需要发挥团队合作精神，并从集体中吸收力量和智慧；八是工作能力的时代性，不同时代对技能的要求不同，如产业升级对掌握自动化、机械化和模具化等技能的人才需求增加，对既能操作数控设备又能编程的复合型人才以及能适应多岗位需求的"通才"要求增加了。另外，一些学者还对高技能人才的特征进行了总结，具体包括高技能人才的人身依附性[2]、价值难评估[3]、收益不确定、价值溢出、价值动态性以及产权关系的复杂性。[4]

随着现代制造业中机械化、自动化技术的广泛应用和中高端技术的普及，单纯依靠传统手艺和绝活是难以适应工业化生产的，迫切需要掌握现代技术、拥有实际经验、实践操作能力强以及智力水平较高的技能型人才。[5] 技能型人才主要发挥如下作用：一是能准确快速地处理现场故障、技术难题和突发事件。二是将所学知识、技术和心智有效结合，能亲自处理生产中出现的各种问题，动手能力、实践能力均比较强，能够通过自身技能提高工作效率。三是能推动创新的发生和应用，主要表现在工艺革新、装备改造、引进技术和发明创造等方面的创新

---

[1] 罗桂芳．我国技能型人力资本投资的综合路径分析 [J]．湖南商学院学报，2013，20（4）：45-48．

[2] 丁惠炯．基于人力资本视角的高技能人才管理政策选择 [J]．中等职业教育（理论），2011（8），40-42．

[3] 李贵卿，陈维政．高技能人才的人力资本特性及其管理策略研究 [J]．改革与战略，2006（12）：28-30．

[4] 田新朝．企业高技能人才约束机制探讨 [J]．人才开发，2008（2）：34-35．

[5] 王玉锁，罗永泰．高技能人才的人力资本价值转化与提升研究 [J]．河北大学学报（哲学社会科学版），2008，33（2）：89-93．

以及将创新结果转化为现实产品。① 四是能提升产业人力资本素质，通过培训和干中学等途径，技能型人才的知识日益丰富，技能不断提高，最终会引致全体产业人力资本的提升。五是有助于提升团队的竞争力，技能型人才团队的合作性更容易降低组织内部成员间的信息交流成本，提升团队成员间的协作程度。② 六是能促进企业对新技术的采用和吸收，提升企业的可持续发展能力和市场竞争力。③

四、技能型人力资本的研究视角

由于技能型人力资本的作用巨大，诸多学者从不同的视角出发展开对技能型人力资本的研究。具体包括以下研究视角：一是知识形成视角，认为技能型人才在生产过程中积累了丰富的知识，成了企业知识的储存者、解读者和生产者，但是技能型人才的操作经验和生产技巧隐秘性较强，即便技能型人才已经积累起相应的经验和技巧，但是将其转化为文字、观点或语言以便进行复制和传播的难度还较大，这样技能型人才的技能和知识便成了隐性知识。④ 自隐性人力资本提出后，有研究者进一步指出，技能型人才拥有的隐性知识与学历关系不大⑤，但与工作实践、自身素质以及学习培训等关系密切。二是资本形成视角，即技能型人力资本的知识、技能和诀窍并不是先天就有的，而是需要通过教育投资或干中学等获得，并且这些技能很难被模仿，能给技能型人才带来收益，给企业创造价值。与此同时，技能还会增加技能型人才的社会关系资本和情感资本⑥；如果技能型人才长期在特定行业或职业中通过培训、干中学以及潜移默化培养出了专用技能，还会形成企业或行业专用性人力资本，这种专用性人力资本对其他企业和其他行

---

① 姜雨，沈志渔.技术选择与人力资本的动态适配及其政策含义[J].经济管理，2012，34（7）：1-11.

② 于桂兰.私营企业工人劳动力价值实现问题研究[D].长春：吉林大学，2007.

③ ACEMOGLU D. Why do new technologies complement skills? Directed technical change and wage inequality[J]. The Quarterly Journal of Economics, 1998, 113 (4): 1055-1089.

④ POLANYI M. The logic of tacit inference[J]. Philosophy, 1966, 41(155): 1-18.

⑤ 于米，于桂兰.技能型人才隐性人力资本的测定与价值研究——基于吉林省汽车制造业的实证分析[J].人口学刊，2012（2）：89-97.

⑥ 刘玉斌.高技能人才隐性人力资本的界定与形成机理研究[J].现代财经（天津财经大学学报），2008，28（5）：41-46.

业的适用性较差。^①三是供求视角，主要关注技能型人力资本的供给和需求面临的问题和现状^②以及供给不足的人口、经济、社会和文化等原因。^③四是人才培养模式视角，即技能型人才的培养包括干中学、内部裂变型、中心扩散型三种模式^④，有的学者进而指出了技能型人才培养的联动效应。

第三节　文献述评

研究者基于自身关注点对技能型人力资本开展研究，不仅关注技能型人力资本的内涵、特征和作用，而且对技能型人力资本投资积累的现状、问题及背后的激励机制进行研究，获得了丰富的成果，说明技能型人力资本的重要性已经被研究者广泛认可。他们不仅关注国家层面技能型人力资本的投资积累，而且从用人单位角度如企业微观层面分析技能型人才的能力构成、培训模式、激励机制和评价制度等，从内部、外部因素方面考察技能型人才面临的数量短缺、结构不合理、素质偏低、投资不足以及工资水平偏低的问题。从关注点上看，多数研究探讨的是技能型人才的培养问题，很少分析技能型人才的社会保障和评价体系，所提出的激励机制和具体措施大多囿于一般意义上的人力资源的激励问题。国外尤其是制造业发达国家相对比较重视技能型人力资本的投资研究，关注技能型人才的教育投入、管理体制和培养模式研究，对于我国有重要的借鉴意义。从研究方法来说，多数研究以现状描述和问题阐述为主，政策梳理和经验研究较多，通过建立模型开展定量分析的研究较少，缺乏全局性、精确性和科学性。在解决技能型人力资本投资激励和积累途径问题上，前人多从人力资本理论出发进行研究，鲜有人将技能型人力资本与制造业转型升级结合起来专门加以论述，其对经济转型、产业升级的相关性研究也未得到足够的重视。另外，一些定性研究方法难以

① 李晓霞.高技能人才短缺：一个专用性人力资本的分析框架[J].华北电力大学学报（社会科学版），2011（4）：41-44.
② 罗桂芳.我国技能型人力资本投资的综合路径分析[J].湖南商学院学报，2013，20（4）：45-48.
③ 许艳丽.技能型人才短缺的家庭经济学分析[J].西北工业大学学报（社会科学版），2011，31（2）：39-43，84.
④ 林松.产业聚集视角下技能型人力资本积累的特点及内在机制探析[J].重庆科技学院学报（社会科学版），2012（16）：57-60.

准确分析技能型人力资本投资积累不足背后的机理，所提出的建议缺乏专门的针对性，难以从根本上解决技能型人力资本投资积累所面临的问题。从世界发达国家历史经验和我国制造业转型升级的实践需求看，技能型人力资本的投资积累水平与制造业的发展水平密切相关。如何理顺人力资本投资激励机制，使技能型人力资本投资积累更好地适应经济发展和制造业转型升级的需要，是当下我国亟待研究解决的重要问题。

第二章　技能型人力资本投资与积累的国际比较

经济全球化竞争的加剧，促进了高新技术在国家或地区间的广泛传播与应用，互联网技术的广泛应用也引致一些跨领域、协同化、网络化的创新平台对传统制造业产生冲击[1]，进而推动了产业结构调整与转型升级。世界主要经济体普遍将制造业作为经济振兴的重要支撑，纷纷制定"再工业化"战略，以稳固全球制造业领先地位。制造业转型升级需要大量的各具特色的技能型人才。从现实来看，世界诸多国家在制造业转型升级过程中均出现了技能型人力资本供给不足的现象。据估计，全球技能人才缺口已达 1 000 万，日本 80%、印度 67%、巴西 57%、美国 52% 的雇主认为技能型人才短缺。万宝盛华 2011 年的全球调查报告指出，34% 的雇主认为技能型人才短缺，熟练工人和高技能人才短缺程度尤为严重。本章将我国制造业转型升级放在国际制造业发展的大背景中，对比世界主要国家的技能型人力资本投资与积累情况，分析我国技能型人才短缺问题和技能型人力资本投资问题。

第一节　技能型人力资本投资积累与制造业生产率的国际比较

一、数据来源

经合组织（OECD）的世界就业技能指标数据库（WISE）提供了与技能型人

---

① 中国机电一体化协会．工信部长谈智能制造——苗圩在 2015 智能制造国际会议上的演讲 [J]．机器人技术与应用，2015（3）：34-36．

力资本投资相关的信息系统，该系统监测当前和新出现的劳动力市场需求、就业能力、生产力、健康状况、技能投资、人力资本存量、经济绩效等。

二、国际技能型人力资本投资水平及其对制造业企业生产效率的影响

如图 2-1 所示，制造业大国技能型人力资本投资中，投资总额最高的为中国，其次是美国，德国位居第四。从变化趋势来看，中国在 2003—2008 年是增长阶段，受全球金融危机的影响 2009 年降到 130 000 万美元，之后开始迅速上升，在2012 年上升到 135 000 万美元，10 年间平均增长率为 4.65%。美国技能型人力资本投资从 2003 年的 29 000 万美元上升到 2012 年的 31 400 万美元，平均增长率为 8.28%。德国技能型人力资本投资基本稳定，2003 年为 8 250 万美元，2012 年为 8 040 万美元，平均增长率为 −2.55%。上述数据反映的是总量指标，具体到人均指标上，中国的技能型人力资本投资水平就相对较低了。

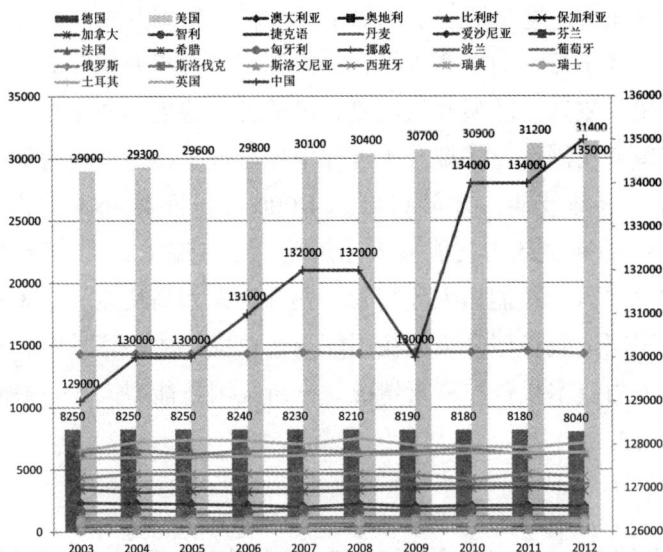

图 2-1 制造业大国技能型人力资本投资（单位：万美元）

［数据来源：世界就业技能指标数据库（WISE）］

图 2-2 展示了 14 个 OECD 国家中参加学徒制的技能型人才的比例（其他国家数据缺失），最高的为瑞士，基本维持在 21% 以上，即瑞士超过 21% 的技能型人才通过学徒制获得，其次是德国，约 16% 的技能型人才参加学徒制。

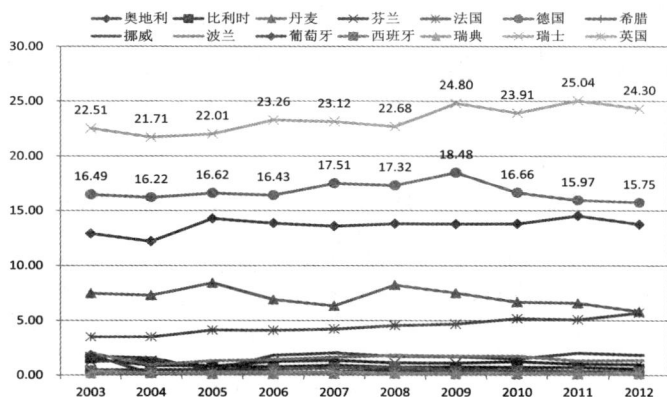

图2-2　国际制造业大国学徒制比例（单位：%）

[数据来源：世界就业技能指标数据库（WISE）]

图2-3 展示了 27 个国家技能型人才创造的人均 GDP，最高的为美国，10 年平均为 65 074.4 美元；其次是比利时；德国位居第 13，10 年平均为 42 253.6 美元；中国最低，为 10 549.3 美元。

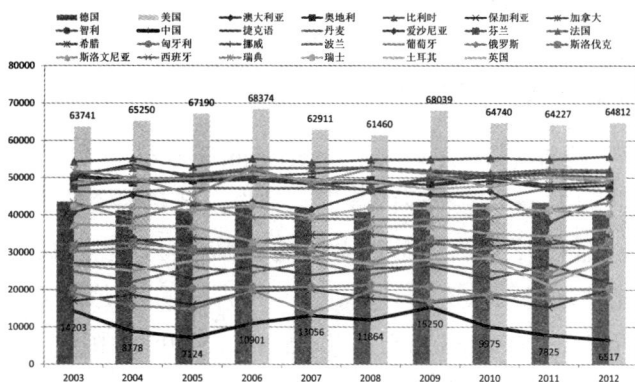

图2-3　国际制造业大国技能型人才人均 GDP（单位：美元）

[数据来源：世界就业技能指标数据库（WISE）]

为了进一步分析技能型人力资本投资和学徒制所产生的经济效益，通过回归分析，如表 2-1 所示，技能型人力资本投资在 1% 的显著性水平上正向影响人均 GDP，但是参加学徒制对人均 GDP 的影响不显著。技能型人力资本投资在 5%

的显著性水平上正向影响人均 GDP 增加值，在 1% 的显著性水平上正向影响每小时产值对数，对人均制造业产值对数和包括采矿业的制造业产值对数影响虽然为正，但是不显著。学徒制对人均制造业产值对数和包括采矿业的制造业产值对数影响在 1% 的水平上显著为正。

表 2-1　制造业国家技能型人力资本投资对生产效率的回归结果

模型	模型 1(人均 GDP 的对数 /Lngdpper)	模型 2 人均 GDP 的对数 /Lngdpper)	模型 3(人均 GDP 增加值对数 /Lngdpperadd)	模型 4(每小时产值对数 /Lngdphour)	模型 5(人均制造业产值对数 /Lindustry)	模型 6(包括采矿业的制造业产值对数 /Lmine
linvest	0.086***	0.041**	0.719**	1.465***	0.087	0.147**
	(5.17)	(2.26)	(2.08)	(3.46)	(0.22)	(2.23)
Apprenticeship		0.002	0.007	0.106	0.219***	0.058***
		(0.94)	(0.12)	(0.69)	(3.86)	(3.52)
Constant	11.917***	11.337***	9.834*	0.114	0.015	5.771***
	(42.89)	(37.50)	(1.72)	(0.02)	(0.01)	(2.89)
R^2	0.086	0.089	0.030	0.044	0.092	0.085
N	285	153	146	264	151	153

数据来源：世界就业技能指标数据库（WISE）。

三、国际技能型人力资本积累状况分析

世界银行企业调查（http://www.enterprisesurveys.org）针对全球企业开展的调查，搜集了超过 125 000 家企业的数据，其中区域和国家的平均值通过对国家简单平均点估计数得到，"n.a." 表示数据为机密，".." 表示缺失值，公司数量不足 30 家时对企业增长绩效不予计算，用 "n.c" 表示。德国数据来自 Germany Management，Organization and Innovation Survey 2005，中国的数据来自世界银行 2012 年对中国企业的调查数据（表 2-2）。

表 2-2　全球企业劳动力状况分析

国家或地区	永久全职工人数量 / 人	永久生产工人数量 / 人	永久技术工数量 / 人	技术工人比例 /%
所有国家	36.3	43.7	30.2	71.7
东亚和太平洋	41.5	65.9	47.7	78.5
东欧和中亚	29.4	37.3	25.7	77.1
高收入非经合组织	27.2	29	18.1	70.1

续 表

国家或地区	永久全职工人数量/人	永久生产工人数量/人	永久技术工数量/人	技术工人比例/%
OECD	43.6	37.9	26.9	79.2
拉丁美洲和加勒比	42.6	45.6	25.4	62.8
中东和北非	29.9	28.6	16.7	63.6
南亚	57.8	71.1	55.3	74.5
撒哈拉以南非洲	30.2	38	23.7	69
中国 (2012)	60.8	71.9	33	50.2
德国 (2005)	55.5	85.9	72.5	86
瑞典 (2014)	39.5	33.1	16.7	79.7
俄罗斯 (2012)	38.7	48	31.8	76.1
以色列 (2013)	29.6	30.5	22.3	88.7
韩国 (2005)	93.7	115.3	82.1	85.8
墨西哥 (2010)	79	43.3	29.8	68
南非 (2007)	48.9	45.9	25.7	62.5
印度 (2014)	49.9	50.7	34.5	66.6

数据来源：世界银行，http://www.enterprisesurveys.org

从永久全职工人（permanent full-time workers）数量来看，全球企业平均为36.3人，东亚和太平洋地区、OECD国家、拉丁美洲和加勒比地区和南亚国家企业人数高于全球水平，其他地区低于全球水平；就单个国家而言，中国、德国、瑞典、俄罗斯、韩国、墨西哥、南非和印度高于全球水平，我国位居第三，为60.8人，仅次韩国和墨西哥。从永久生产工人（permanent production workers）数量来看，全球企业平均为43.7人，东亚和太平洋地区、拉丁美洲和加勒比地区和南亚国家高于全球水平，与这些地区人口密切相关，其他地区低于全球水平；就单个国家而言，中国、德国、俄罗斯、韩国和印度高于全球水平，我国位居第三，为71.9人，仅次韩国和德国。从永久技术工人（permanent skilled workers）数量来看，全球企业平均为30.2人，东亚和太平洋地区以及南亚国家高于全球水平，与这些地区在全球产业中的分工密切相关，其他地区低于全球水平；就单个国家而言，中国、德国、俄罗斯、韩国、南非和印度高于全球水平。从永久技术工数量来看，尤其韩国和德国远远高于全球水平，说明这两个国家的技能型人力资本较为丰富，中国略高于世界平均水平，但与德国和韩国相比差距较大。就技术工人比例来看，中国、墨西哥、南非和印度低于全球水平，说明这些国家的技能型人才资源较为稀缺，技能型人才结构不合理，急需大量培养技能型人才，中国技术工人比例仅为 50.2%，这充分说明了我国技能型人才的短缺。

四、国际技能型人力资本投资状况比较分析

如表 2-3 所示，从提供正式培训的企业比例来看，全球平均为 34.7%，高收入非经合组织国家、OECD 国家以及拉丁美洲和加勒比地区的企业高于全球水平。从单个国家来看，除了以色列，其他国家均高于全球，尤其是中国，高达 79.2%，主要原因是我国的技术工人比例过低和工人技能水平低。从工人接受正式培训的比例来看，全球平均为 53.5%，东亚和太平洋地区、东欧和中亚地区、OECD 国家以及拉丁美洲和加勒比地区的企业高于全球水平。从单个国家来看，中国、瑞典、墨西哥、南非和印度均高于全球，尤其是中国企业，高达 85.2%，可以发现，制造业较落后的国家普遍重视技术技能培训，导致这一现象的主要原因是这些国家工人的技术熟练程度低。

表 2-3　国际技能型人才培训状况分析

国家或地区	提供正式培训的企业比例 /%	工人接受正式培训的比例 /%	国家或地区	提供正式培训的企业比例 /%	工人接受正式培训的比例 /%
所有国家	34.7	53.5	中国 (2012)	79.2	85.2
东亚和太平洋	32.9	67	德国 (2005)	35.4	n.a.
东欧和中亚	32.8	55.8	瑞典 (2014)	70.3	71.3
高收入非经合组织	38.6	52.1	俄罗斯 (2012)	46.2	43
OECD	44.6	57.4	以色列 (2013)	18.6	49.1
拉丁美洲和加勒比	44.4	60.9	韩国 (2005)	39.5	n.a.
中东和北非	17.7	39.4	墨西哥 (2010)	50.8	62.6
南亚	28.2	49.6	南非 (2007)	36.8	63.6
撒哈拉以南非洲	31.2	45.1	印度 (2014)	35.9	63.4

数据来源：世界银行，http://www.enterprisesurveys.org

五、国际企业生产率状况分析

如表 2-4 所示，从产能利用率来看，全球平均为 72.4%，东亚和太平洋地区、高收入非经合组织国家、OECD 国家以及南亚国家的企业高于全球水平；从单个国家来看，除了俄罗斯，其他国家均高于或等于全球水平，尤其是中国企业，高达 87%。从实际年销售增长率来看，全球平均为 3.2%，东亚和太平洋地区、中

东和北非国家、以及撒哈拉以南非洲低于全球水平；从单个国家来看，中国、俄罗斯、以色列和南非均高于全球，尤其是中国企业，高达 13.4%，但是墨西哥和印度却为负数。从年度就业增长率来看，全球平均为 4.8%，东亚和太平洋地区、高收入非经合组织国家、南亚国家和撒哈拉以南非洲的企业高于全球水平；从单个国家来看，中国、俄罗斯、以色列、南非和印度均高于全球水平，尤其是中国企业最高，高达 9.1%。从年劳动生产率增长来看，全球平均为 -0.9%，东亚和太平洋地区、中东和北非国家、南亚国家和撒哈拉以南非洲的企业低于全球水平；从单个国家来看，中国、俄罗斯、以色列和南非均高于全球，尤其是中国企业最高，为 4.7%。

表 2-4　国际企业生产率状况分析

国家或地区	产能利用率 /%	实际年销售增长率 /%	年度就业增长率 /%	年劳动生产率增长 /%	国家或地区	产能利用率 /%	实际年销售增长率 /%	年度就业增长率 /%	年劳动生产率增长 /%
所有国家	72.4	3.2	4.8	-0.9	中国 (2012)	87	13.4	9.1	4.7
东亚和太平洋	78.5	2.4	4.9	-1.9	德国 (2005)	86.3	n.a.	n.a.	n.a.
东欧和中亚	71.5	6.4	4	2.6	瑞典 (2014)	73.2	0.6	1.3	-0.1
高收入非经合组织	73	5.4	5.6	0.5	俄罗斯 (2012)	71.5	4.8	5.8	0.4
OECD	76.5	4.7	2.9	2.5	以色列 (2013)	75.7	4.1	5	-0.6
拉丁美洲和加勒比	72	5.1	4.5	1	韩国 (2005)	82.4	n.a.	n.a.	n.a.
中东和北非	64.1	-6.7	3.1	-8.6	墨西哥 (2010)	72.4	-6	5.3	-6.2
南亚	77.6	4	6.2	-1	南非 (2007)	79.6	12.2	8.5	4
撒哈拉以南非洲	69.8	0.9	6	-4.2	印度 (2014)	81.8	-3.2	5.2	-8.3

数据来源：世界银行，http://www.enterprisesurveys.org

第二节　中国、德国及 OECD 国家技能型人力资本投资积累与制造业生产效率分析

表 2-5 展示了中国不同制造业行业与全球、OECD 国家和德国的比较。可以

看出，从提供正式培训的企业比例来看，我国制造业企业和制造业总体均高于全球、OECD 国家和德国，且所有分类制造业都高于德国制造业总体水平。从工人接受正式培训的比例来看，我国制造业企业、制造业总体以及所有分类制造业都高于全球和 OECD 国家。从永久全职工人数量来看，中国企业高于全球、OECD 国家和德国，但从制造业总体来看低于德国，从制造业内部行业来看，只有电子通讯设备和机动车行业高于德国，其余较低。从永久生产工人数量来看，中国企业尽管高于全球和 OECD 国家，但是低于德国，纺织品、服装、电子通讯设备、机动车行业高于德国，其余较低。从永久技术工人数量来看，中国企业和制造业总体高于全球和 OECD 国家，但是低于德国且差距巨大。从非技术工人比例来看，中国无论从制造业总体还是制造业分类别比较均高于全球、OECD 国家和德国，尤其是化工行业非技术工人比例高达 62.4%。从产能利用率来看，中国制造业高于全球、OECD 国家和德国。从实际年销售增长率来看，中国高于全球和 OECD 国家。从年劳动生产率增长来看，中国服装、橡胶和塑料制品、基本金属和金属制品、电子通讯设备、其他制造行业低于 OECD 国家。

表2-5　所有国家、OECD、德国和中国制造业技术型人才和企业生产率的对比

类别	所有国家	OECD	德国	德国	中国	中国	中国	中国	中国	中国	中国	中国	中国	中国	中国	中国	中国	中国
分类	制造业企业	制造业企业	制造业企业	制造业总体	制造业企业	制造业总体	餐饮窗体底端	纺织品	服装	化工产品	橡胶和塑料制品	非金属矿产品	制造金属制品	机械设备	基本金属和金属制品	电子通讯设备	机动车	其他制造行业
提供正式培训的企业比例/%	34.7	44.6	35.4	47.7	79.2	76.5	77.1	75.3	86.1	64.6	77.2	87.9	77.4	78.4	76.9	85.2	90.2	65.2
工人接受正式培训的比例/%	53.5	57.4			85.2	85.2	92.1	85.3	81.9	85.7	85.3	86.9	82.9	86.6	88	84.5	75.3	85
永久全职工人数量/人	36.3	43.6	55.5	114.3	60.8	90.9	89.1	125.7	156.4	75.2	96.4	83.5	100.2	67	99.2	120.8	150.7	55.2
永久生产工人数量/人	43.7	37.9	85.9	85.9	71.9	71.9	71	105.7	127.4	59.7	78.3	64.9	79.3	51.8	76.8	93	127.6	41.9
永久技术工人数量/人	29.1	26.9	72.5	72.5	33	33	26.7	38.3	61.4	21.1	36	31.7	34.4	28.2	31.1	51.8	69.4	15.6

续表

| 类别 | 所有国家 | OECD | 德国 | | 中国 | | | | | | | | | | | | | |
分类	制造企业	制造业企业	制造业企业	制造业总体	制造业企业	制造业总体	餐饮窗体底端	纺织品	服装	化工产品	橡胶和塑料制品	非金属矿产品	制造金属制品	机械设备	基本金属和金属制品	电子通讯设备	机动车	其他制造行业
非技术工人比例/%	28.3	20.8	14	14	49.8	49.8	52.4	55.1	55	62.4	52.8	47.5	50.9	39.7	45.2	54.4	51.9	48.6
产能利用率/%	72.4	76.5	86.3	86.3	87	87	83.9	88.4	86	85.4	86.5	86.2	87.7	89	85.5	84.8	84.6	88.3
实际年销售增长率/%	3.2	4.7			13.4	11.9	10.9	12.2	8.5	14.2	11.8	13	13.7	14.4	10	9.3	12	11.5
年劳动生产率增长/%	-0.9	2.5			4.7	2.8	6	4.3	1.9	7.7	2	6.4	2.5	4	2.3	-0.7	4.3	0.6

数据来源：世界银行，http://www.enterprisesurveys.org

由表 2-6 可以看出，从提供正式培训的企业比例来看，不论是小型企业、中型企业还是大型企业，中国企业均高于德国，尤其是中小型企业，两者差距更大。从永久全职工人数量和永久生产工人数量来看，中国中小型企业的数量高于德国，大型企业的数量低于德国。从永久技术工人数量来看，中国无论小型企业、中型企业还是大型企业均低于德国。从永久非技术工人（permanent non-skilled workers）数量和比例来看，中国无论小型企业、中型企业还是大型企业均高于德国。这说明我国技能型人力资本积累水平与德国相较比距较大，同时我国的大企业竞争力要低于德国，存在大而不强的现象。

表 2-6　德国和中国制造业分规模对比

类　别	德　国			中　国		
分　类	小　型 (5-19)	中　型 (20-99)	大　型 (100+)	小　型 (5-19)	中　型 (20-99)	大　型 (100+)
提供正式培训的企业比例	25	41.3	72.5	72.1	86.2	92.1
工人接受正式培训的比例				86.7	84.9	84.2
永久全职工人数量	6.9	41.1	335.2	11.9	52.3	302.7
永久生产工人数量	7.4	35.7	268.2	9.4	41.6	253.6
永久技术工人数量	6.4	27.3	224.7	4.8	19.8	113.6
永久非技术工人数量	0.8	4.9	37.9	4.6	21.8	160.4
非技术工人比例	10.9	14.6	17.3	43.4	51.3	57.5
产能利用率	85.3	85.9	88	87.6	86.4	87.6
实际年销售增长率				15.3	10.3	14.2
年劳动生产率增长				6	2.2	5.7

数据来源：世界银行，http://www.enterprisesurveys.org

通过以上国际比较可以发现，我国技能型人力资本积累水平与德国和 OECD 国家存在较大差距，技能型人才结构不合理，技术工人短缺，不利于制造业转型升级发展，急需加大对技能型人力资本的投资，提高技能型人力资本存量，为制造业转型升级提供人才支持。

第三节　中国技能型人力资本积累情况

一、技能型人才短缺

当前我国技能型人才尤其是高技能人才紧缺，且有愈演愈烈之势。企业技能型人才短缺表现为数量短缺和结构性短缺两方面。[①] 在数量短缺方面，我国技能型人才存在较严重的总量短缺现象，尤其高级技工、技师和高级技师的需求倍率较大[②]，占总技能型人才的比例较低，仅为4%，与发达国家（20%～40%）差距较大。[③] 据刘军等（2011）的研究，2004 年全国技能型人才总需求约为 9 909.1 万人，短缺 1 189.1 万人，短缺幅度为 12%；2009 年全国技能型人才总需求约为 11 577.3 万人，短缺 927.4 万人，短缺幅度为 8%。各等级技能型人才均处于供不应求的状态，中级工和高级技能型人才的需求缺口最大。随着近年来技能型人力资本投资力度的增加，技能型人才短缺状况有所改善，但总体状况仍不容乐观，高级技师和初级工的短缺是增加的，尤其是初级工的缺口呈扩大趋势，不利于技能型人才供求平衡和高技能人才的存量积累。技师和高级技师在多数季度的岗位空缺与求职人数比率保持在 2 左右，一般技能型人才则为 1.4～1.5 左右（刘军等，2011）。综合考虑人口自然增长和技能型人才队伍建设情况，根据预测，2009—2020 年技能型人才的需求数量将逐年增加，由 1 158 万增长为 1 487 万人，但是增长率是下降的，由 2010/2009 年度的 2.7% 降为 2020/2019 年度的 1.75%（图 2-4）。2020 年，高级技师到初级工的需求人数分别为 154.3 万人、707.4 万人、3 199.6 万人、5 649.8 万人和 5 157 万人。

---

① 刘春花.缓解企业技能短缺矛盾——我国高职教育须正视的重要问题 [J].教育发展研究，2006，26（13）：45-47.

② 楼红平.高技能人才短缺现状、问题与解决对策 [J].现代商业，2008（6）：220-221.

③ 彭腾，阚小良.高职人才培养目标的历史、现状与未来 [J].岳阳职业技术学院学报，2005，20（2）：9-13.

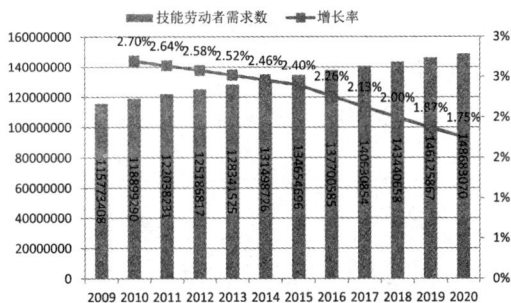

图2-4 技能型人才需求增长趋势

资料来源：刘军等 [1]

在结构性短缺方面，主要表现为技能型人才的产业结构、年龄结构和区域结构不合理。其中产业结构中属于高新技术朝阳产业的技能型人才极度短缺，但传统产业聚集了大量的低技能型人才，如高端制造业和信息产业中高技能型人才比例仅为3.5%。[2]年龄结构不合理主要体现在技能型人才老龄化严重，青年人才缺乏，机械行业中高技能型人才40岁以上的占比很高，高达50%以上[3]，吉林省35岁以下高技能型人才仅占12.3%，41—51岁的占67%。[4]地区性短缺主要表现为沿海发达地区对技能型人才的需求巨大，如广州有30万人、北京有33万人、南京有16.66万人的需求缺口。[5]

二、技能型人才短缺分类别分析

据人社部中国人力资源市场信息监测中心数据，2004—2011年初级工（职业资格五级）劳动力需求大于供给，需求人数由2004年的1季度538 610人上升为2011年的1季度917 412人，求职人数由2004年的1季度578 903人上升为2011年的1季度927 831人，求人倍率（有效需求人数与有效求职人数之比）在

---

[1] 刘军，莫荣，徐艳，等.2010-2020年我国技能劳动者需求预测 [J].中国劳动，2011（12）：11-14.

[2] 涂云海.浅议技能型人才短缺问题及对策 [J].浙江工贸职业技术学院学报，2004，4（4）：54-57.

[3] 王荣.我国高技能人才短缺问题分析与对策 [J].职业时空（综合版），2007（4）：15-16.

[4] 刘璇.黑龙江省高技能人才短缺的思考 [J].边疆经济与文化，2004（10）：15-16.

[5] 彭薇.苏州市如何走出高技能人才短缺的困境 [J].职业教育研究，2006（1）：4-6.

1.34 ～ 1.56 之间徘徊，其中最高值出现在 2005 年第三季度，求人倍率为 1.56，最低值出现在 2006 年第三季度，求人倍率为 1.34（图 2-5）。

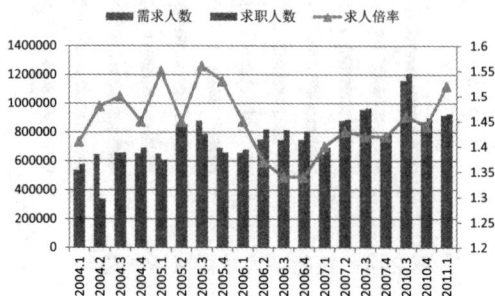

图 2-5　2004—2011 年初级工（职业资格五级）的供求状况

数据来源：http://www.chrm.gov.cn/

2004—2011 年中级工（职业资格四级）需求人数由 2004 年的 1 季度 259 710 人上升为 2011 年的 1 季度 465 906 人，最高值出现在 2010 年第三季度，为 564 476 人。求职人数由 2004 年的 1 季度 266 865 人上升为 2011 年的 1 季度 497 065 人，最高值出现在 2010 年第 3 季度，为 610 503 人。求人倍率在 1.42 ～ 1.66 之间徘徊，其中最高值出现在 2005 年第四季度，求人倍率为 1.66，最低值出现在 2010 年第三季度，求人倍率为 1.42（图 2-6）。

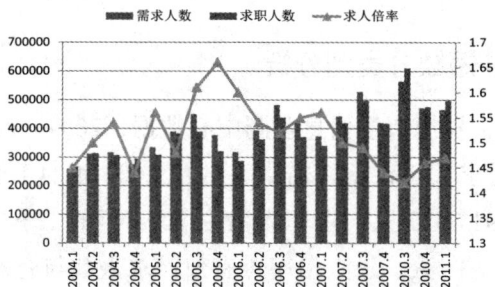

图 2-6　2004—2011 年中级工（职业资格四级）的供求状况

数据来源： http://www.chrm.gov.cn/

2004—2011 年高级工（职业资格三级）需求人数由 2004 年的 1 季度 80 226 人上升为 2011 年的 1 季度 198 688 人，最高值出现在 2010 年第三季度，为 258 124 人。求职人数由 2004 年的 1 季度 72 042 人上升为 2011 年的 1

季度 166 789 人，最高值出现在 2010 年第 3 季度，为 235 791 人。求人倍率在 1.59～2.34 之间徘徊，其中最高值出现在 2005 年第 4 季度，求人倍率为 2.34，最低值出现在 2004 年第 1 季度和 2010 年第三季度，求人倍率为 1.59（图 2-7）。

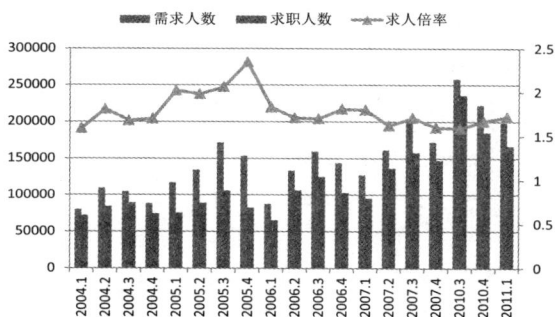

图 2-7 2004—2011 年高级工（职业资格三级）的供求状况

数据来源：http://www.chrm.gov.cn/

2004 年—2011 年技师（职业资格二级）需求人数由 2004 年的 1 季度 48 314 人上升为 2011 年的 1 季度 116 489 人，最高值出现在 2010 年第三季度，为 140 697 人。求职人数由 2004 年的 1 季度 39 021 人上升为 2011 年的 1 季度 70 099 人，最高值出现在 2010 年第 3 季度，为 104 481 人。求人倍率在 1.7~2.68 之间徘徊，其中最高值出现在 2005 年第 1 季度，求人倍率为 2.68，最低值出现在 2005 年第 3 季度，求人倍率为 1.7。

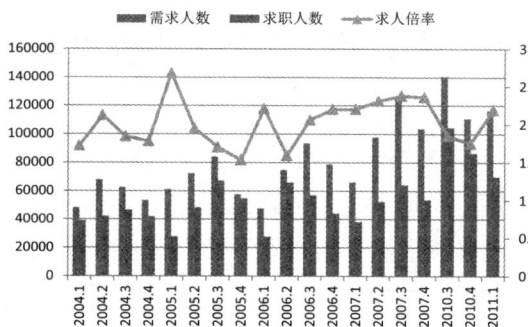

图 2-8 2004—2011 年技师（职业资格二级）的供求状况

数据来源：http://www.chrm.gov.cn/

2004 年—2011 年高级技师（职业资格一级）需求人数由 2004 年的 1 季度 17 088 人上升为 2011 年的 1 季度 48 241 人，最高值出现在 2010 年第 3 季度，为 60 032 人。求职人数由 2004 年的 1 季度 14 800 人上升为 2011 年的 1 季度 35 422 人，最高值出现在 2010 年第 3 季度，为 44 699 人。求人倍率在 1.63 ～ 2.47 之间徘徊，其中最高值出现在 2007 年第 1 季度，求人倍率为 3.47，最低值出现在 2004 年第 1 季度，求人倍率为 1.63（图 2-9）。

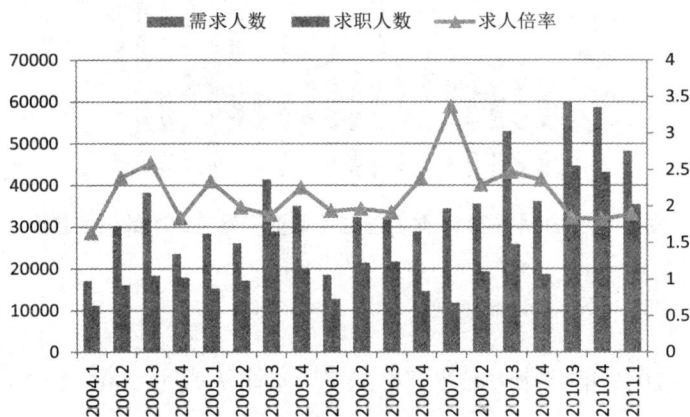

图 2-9　2004—2011 年高级技师（职业资格一级）的供求状况

数据来源：http://www.chrm.gov.cn/

第四节　中国技能型人力资本投资积累问题分析

一是职业技术教育的财政投入水平低，办学经费不足。当前我国对技能型人力资本投资的一个主要途径是举办包括高等职业教育在内的各级各类职业技术教育，经费主要来源于政府拨款和学生学费，社会团体投资水平不高，财政性经费所占比例达到 74%。在投入结构方面，职业技术教育财政经费标准总体要低于其他教育类别，中职与普通高中的生均经费和生均公共财政预算教育经费相当，但高职教育投入水平仅为普通本科教育的一半。在支出方面，财政教育经费主要用于教师工资和校舍建设等，职业技术教育所需的专用设备经费不足，各项办学指标普遍低于本科院校。经费不足不仅导致职业技术院校的教学实训设施和师资投入水平低下，专用设备不能及时更新，也难以吸引到技术能力较高的教职工，导致教学与实际生产脱节，技能实践教学效果差。同时，不同职业教育与培训机构之间的专用设备设施差距也较大，一些学校只配备了已经被企业淘汰的机器，而一些学校则配备了很新的高标准设备，职业教育水平参差不齐。

二是制度建设滞后。《中华人民共和国高等教育法》和《中华人民共和国职业教育法》以法律的形式颁布后，主要以宏观指导为主，缺乏与其相配套的下位法规衔接，操作性强的实施细则也比较缺乏。从制度层面看，与技能型人力资本投资相应的引导、监督和激励机制尚不完善，未能充分调动行业和企业投资技能型人力资本的积极性，许多企业甚至将顶岗实习和学生实训视为负担，政府财政支持小，缺乏顶层规划，资源利用效率不高。

三是观念错位，包括企业和用人单位对技能型人才重视程度低，缺乏培养技能型人才的积极性，重学历、轻技能，重仕轻工。许多企业在招聘时对技术等级或职称有一定的要求，对刚就业没有工作经验的技能型人才产生排挤效应，一些企业招聘倾向于名牌大学、优势专业的毕业生，不利于职业技术院校毕业生就业和职业教育的长远发展。企业用人以盈利为目标，育人意识淡薄，对技能型人才重使用、轻培养，将到企业实习的学生当成廉价劳动力和短暂用工，实习学生报酬低，安全事故保障力度小，合法权利难以保障，而且难以接触到企业的关键岗位和核心技术，只能参与技术含量低的岗位，更多的是为企业打杂，学生难以获得实际应用技能，人才流失现象较为严重。

四是职业院校及其毕业生的地位未得到应有的重视，职业院校办学质量不高。从招生考试制度及职业技术院校生源情况来看，接受职业技术教育的学生往往是由于中考或者高考成绩不理想而不得不就读职业技术院校，职业技术教育被视为末等教育，降低了职业技术教育地位，职教老师的身份、地位、待遇也受到歧视，缺乏幸福感，不利于师生的职业自豪感、荣誉感和从业积极性的培养。相较普通教育，职业技术教育师资待遇低，难以吸引到高水平的能工巧匠和企业管理专家进入校园上课，造成理论教学层面与实践层面的脱节。近年来，本科扩招进一步导致职业技术院校生源不足，职业技术院校通过各种手段扩大招生甚至相互之间展开生源大战以维持生计，职业技能教育发展水平难以保证。

五是缺乏对技能型人力资本的投资动力，无论是家庭、企业还是地方政府对技能型人力资本的投资都不足。国外尤其是发达国家普遍重视对技能型人力资本的投资，企业和社会对技能型人才认同度高，参与技能型人力资本投资和技能型人才培养的热情高，企业将获得职业技术教育资格以及培养技能型人才当作是一种荣誉，但我国情况却恰恰相反。我国企业对技能型人才的培训制度不完善，培养力度不够，技能型人才就业流动性高，劳动关系短期化，企业出于对技能型人才稳定性的担心导致提供技能培训的意愿很低，这些因素导致技能型人才素质偏低，就业质量不高，增大了职业转换的可能性。[①] 技能型人力资本投资正外部性较强，搭便车行为很容易出现，这成为大部分企业投资不足的原因。企业在核算投资成本收益时会衡量投资技能型人力资本的机会成本，注重短期效益的企业将倾向于招聘所需人才，即便培训技能型人才也会倾向于选择培训初级技工[②]，而对高技能型人才则会通过劳动力市场获得。政府对不同类型人力资本投资存在偏好，缺乏对职业技术教育的投资激励[③]，地方政府开展职业技术教育的积极性不高。许多职业技术院校在发展过程中定位不准确，过于注重短期效益，缺乏长远发展规划，改革动力也不足，导致诸多教育培训工作无法取得满意效果。家庭基于投资收益最大化原则，普遍倾向于让子女接受普通高等教育而不是接受职业技术教育，导致技能型人才来源数量和质量受限。

六是技能型人力资本投资收益水平不高。投资技能型人力资本的机会成本往往要高于正规教育，但是技能型人力资本的收益水平不高[④]，实际贡献价值与市场价值存在"偏离"[⑤]，就业难度也大，技能型人力资本投资风险较大。由于体制性原因，传统的劳动人事体制管理制度以及劳动力市场不完善[⑥]，导致技能型人才发展前途和职业晋升通道不畅通。加之劳动力市场对人才的评价往往偏重受教育水平、学历层次以及院校层次等显性信息，对技能型人才就业和收入不利，技能型人才收入水平偏低，与学术型人才的工资收入水平差距较大，并且即使技能型人才在工作中通过培训或者"干中学"提升技能，其技能的价值也往往得不到正确

---

① 曾湘泉，张成刚.经济新常态下的人力资源新常态——2014 年人力资源领域大事回顾与展望[J].中国人力资源开发，2015（3）：6-13.

② 李彬，郑成功.日本企业培养技能型人才特点与多元化模式[J].日本问题研究，2014,28(3)：8-18.

③ 魏国.中国技工供给不足问题研究[M].北京：中国社会科学出版社，2011：33-37.

④ 洪伟峻.试论我国高技能人才短缺的原因及对策[J].湘潭师范学院学报（社会科学版），2005,27（2）：50-52.

⑤ 李晓霞.高技能人才短缺：一个专用性人力资本的分析框架[J].华北电力大学学报（社会科学版），2011（4）：41-44.

⑥ 丁大建.高技能人才的短缺与价值评价错位[J].中国高教研究，2004（5）：57-58.

评价，工资提升幅度往往赶不上技能水平提升幅度。

技能型人才在制造业转型升级过程中发挥着巨大作用。提高技能型人才数量和质量，改善技能型人才结构，对我国制造业转型升级意义重大。技能型人才的培养不是一朝一夕之事，而是长期的、系统性的工程，需要在人才培养制度、人才培养政策和环境以及机制建设等诸多方面深入探索。具体来看，包括以下几方面。一是完善投资制度，以人力资本投资理论为指导，全面探析政府、企业、家庭三个主体对技能型人力资本的投资积累途径和机理，探索适合中国国情的技能型人力资本投资激励机制，构建政府、学校、企业、家庭以及社会五位一体的人力资本投资成本分担机制和利益共享机制。政府、企业以及家庭或者个人要合力推进技能型人才培养[1]，政府要健全职业教育顶层设计，加大技能型人力资本投资和职业技术院校的公共财政投入，加大财政资金支持力度，甚至投入比普通教育更多的资金，扩大对技能型人才的资助范围[2]，重视技能型人力资本投资的公共产品性质，并在社会保障和社会评价等方面完善相应制度法规。企业要为技能型人才职业生涯规划的建立和完善提供制度支持，在招聘选拔、绩效考核、培训、薪酬和精神激励方面制定合理、公平的制度。[3]二是提高技能型人才的社会地位，不仅提高技能型人才的收入水平，同时要赋予其相关荣誉，借助媒体引导全社会形成尊重技能型人才的氛围[4]，改变重学历、轻技能，重仕途、轻工匠的人才观念。三是创新人才培养模式，完善技能型人力资本投资体系。加强企业培训与公共职业培训的结合[5]，各级各类职业院校要加强校企合作，搭建实践技能培训平台，充分发挥高职院校、技师院校和社会培训基地优势。大力推进职业教育现代化，深化产教融合和校企合作，积极试点现代学徒制。完善职业资格证书制度，建立技能型人才的职称制度和职工岗位终身培训体系。[6]四是着力提升技能型人

---

① 罗桂芳.我国技能型人力资本投资的综合路径分析[J].湖南商学院学报，2013，20（4）：45-48.

② ROOMKIN M, SOMERS G G. The wage benefits of alternative sources of skill development[J]. Industrial & Labor Relations Review, 1974, 27 (2): 228-241.

③ 孔宪香.技能型人力资本创新的企业激励制度[J].郑州航空工业管理学院学报,2009,27(2):71-73.

④ 艾明晓.技能型人才及其转化与积累路径探讨[J].改革与开放,2010(6)：116-116.

⑤ 李彬，郑成功.日本企业培养技能型人才特点与多元化模式[J].日本问题研究,2014,28(3):8-18.

⑥ 刘学民.加快高技能人才队伍建设[J].求是,2005(1)：51-52.

才的基础理论知识和专业知识，提高他们的专业技能，挖掘技能型人才的创新精神和开拓能力。五是构建并完善技能型人才评估评价体系①，提高职业资格认定的权威性和认可度。

第五节　本章小结

根据世界就业技能指标数据库，制造业大国技能型人力资本投资总额最高为中国，但人均水平较低。技能型人才创造的人均 GDP 最高的为美国，中国最低，仅为 10 549.3 美元。技能型人力资本投资水平正向提升人均 GDP、每小时产值对数。根据世界银行企业调查的数据，中国永久全职工人数量、永久生产工人数量高于全球企业，目前还是一个优势，但是技术工人数量少，技术工人比例低，非技术工人比例非常高，和发达国家尤其是德国差距巨大，这也成为我国技术培训比例偏高的主要因素。中国制造业提供正式培训的企业高于全球平均水平、OECD 国家和德国，且所有分类制造业都高于德国制造业，这也进一步说明我国技能型人力资本投资积累的不足。

当前，我国技能型人才尤其是高技能人才紧缺，技能型人力资本结构不合理，这种趋势有愈演愈烈之势。造成这一问题的原因很多，主要职业技术教育经费投入不足、相关制度建设滞后、技能型人力资本投资收益水平不高、技能型人力资本投资动力不足、企业人才观念错位以及职业教育办学水平不高等。为此，我国需要在人才培养制度、人才培养政策和环境以及机制建设等诸多方面深入探索，提高技能型人力资本投资水平，为制造业转型升级提供人才支持。

---

① 马振华. 基于网络层次分析的技能型人力资本价值评估 [J]. 当代财经，2009（5）：66-70.

第三章　技能型人力资本投资对生产绩效的影响

制造业是国民经济的支柱。与发达国家相比，中国制造在核心技术、创新能力、产品质量等方面依然存在较大差距，国际竞争力较低。作为转型升级的重要目标，中国制造要完成由要素驱动向创新驱动转变，由规模扩张向质量效益提升转变，赶上并引领智能制造潮流，除了摆脱低成本依赖、不断吸收国际前沿技术和创新成果、努力掌握核心技术之外，还要构建并不断完善包括技能型人才在内的多层次、多类型的人才培养体系，培育精益求精的工匠精神，推进精细化管理和精品制造。

就目前而言，我国制造业企业中的科技型、管理型和知识型人力资本在经济增长中的地位、在制造业价值创造和生产效率提高中的作用及贡献得到了充分肯定，制造业从业人口规模相对稳定且处于结构优化之中。但总体而言，目前中国制造业的人力资本积累水平依然较为薄弱，存在高技能型人力资本积累水平严重不足、素质亟待提高、结构不合理、激励机制不完善等诸多问题[①]，扩大了制造业转型升级和技能型人力资本供给之间的缺口。现有研究成果大都围绕人力资本理论，以及人力资本投资与经济增长、人力资本投资与生产效率、人力资本投资与收入分配等之间的关系展开，现状描述和问题阐述较多，鲜有将技能型人力资本投资与制造业转型升级结合起来专门加以论述，探讨技能型人力资本投资与制造业生产效率相关性的研究，进一步在不同产业转型升级路径下对两者相关性的研究更少。如此，将不能明晰技能型人力资本究竟通过何种路径真正影响企业生产效率，那些针对技能型人力资本在数量、质量、结构和效率上的提升策略将无的

---

① 李晓霞.高技能人才短缺：一个专用性人力资本的分析框架[J].华北电力大学学报（社会科学版），2011（4）：41-44.

放矢。鉴于此，本章将基于我国制造业转型升级大背景，深入挖掘剖析技能型人力资本投资对企业生产效率的影响。

自舒尔茨提出了现代人力资本理论[①]以来，人力资本与经济增长的关系被广泛研究。Denison 验证了舒尔茨的人力资本理论，通过计量模型测算美国 1929—1957 年人力资本对经济增长的作用，计算出人力资本的贡献份额。Lucas 等将人力资本看成是决定经济增长的因素，建立了新增长模型，并且认为人力资本存在显著个体差异，来自健康、教育和技能水平等方面的差异不仅关系到人力资本的数量，而且关系到人力资本的质量，而质量对生产效率的影响更大，该模型避免了过度依靠人力资本投资扩张而产生的规模报酬递减的发生。[②] 随着微观数据可得性的增加和社会关注点的变化，诸多研究从企业或者行业层面分析人力资本与企业生产效率之间的关系，主要从两个方向开展，一个方向是注重细化人力资本，Ballot 等总结出人力资本通过决策质量、员工创新活动和"干中学"三种机制影响企业生产效率[③]，并且人力资本投资正向提升企业生产效率。[④]一些文献注重从人力资本的质量角度分析两者的关系，大多运用跨国宏观经济面板数据将人力资本分为健康、教育水平和劳动技能等多指标检验人力资本质量差异对全要素生产率的影响，如 Irarrazabal 等使用挪威等国的企业—员工匹配数据发现人力资本质量对企业全要素生产率影响显著。[⑤]另一个方向则考虑了企业的异质性[⑥]，从企业类型方面细化，这些研究注重从不同企业类型，如出口企业、高科技企业、

①　西奥多·W·舒尔茨.论人力资本投资 [M].蒋斌，张蘅，译.商务印书馆，1990:104-120.

②　LUCAS R E. On the Mechanics of Economic Development[J]. Journal of Monetary Economics, 1988, 22 (1): 3-42.

③　BALLOT G, FAKHFAKH F, TAYMAZ E. Firms' human capital, R&D and performance: a study on French and Swedish firms[J]. Labour Economics, 2001, 8 (4): 443-462.

④　BROWN A W, ADAMS J D, AMJAD A A. The relationship between human capital and time performance in project management: a path analysis[J]. International Journal of Project Management, 2007, 25(1): 77-89.

⑤　IRARRAZABAL A, MOXNES A, ULLTVEIT-MOE K H. Heterogeneous firms or heterogeneous workers? Implications for exporter premiums and the gains from trade[J]. Review of Economics and Statistics, 2013, 95(3): 839-849.

⑥　张车伟，薛欣欣.国有部门与非国有部门工资差异及人力资本贡献 [J].经济研究，2008（4）：15-25.

传统制造业以及外资企业等各个角度单独或者综合测算、比较两者之间的关系。①

可以发现，国内外文献尽管更多地采用企业层面数据静态或动态研究人力资本数量或质量对异质类企业生产率的影响，但对于企业和人力资本投资所处中观产业层面的影响尚未充分考虑，即便考虑也是将其作为模型的控制变量。但事实上，产业环境对人力资本投资和企业生产效率均会产生影响，尤其是当前我国正处于产业转型升级阶段，每个企业在人财物投入、管理模式以及资源配置等方面的决策都离不开这个大背景。从一些研究来看，产业转型升级通过调整产业结构，协调促进传统产业向现代产业转变，这将影响企业的供给水平和资源配置决策，甚至改变企业的数量。②对人力资本而言，产业转型升级离不开大量知识型、技能型的人力资本支持，同时转型升级过程中发生的产业空间分布变化会引发劳动力流动和分布变化，对劳动力素质的匹配要求会改变不同类型劳动力的就业弹性，改变区域内劳动力吸纳情况。③可以看出，产业转型升级确实是通过优化生产要素组合直接影响企业生产效率。就目前研究来看，由于数据限制，关注产业转型升级背景下人力资本投资对企业生产效率的影响机制研究较少，定量分析技能型人力资本投资与企业生产效率关系的更少，急需学术界对此进行研究。

第一节 数据来源

本数据来自世界银行《2012年中国企业调查》，该调查的目的是获得我国企业运行状况以及所处的商业经营环境变化状况。该调查采用分层抽样方法，收集我国2011年12月至2013年2月期间的企业数据，其中包括2 700个私营企业和148个国有企业，企业按照规模分为小型（5—19名职工）企业、中型（20—99名职工）企业和大型（100名以上的职工）企业。本研究只关注制造业，去除无效回答和未回答的样本，保留了1 553个样本。

① 吴延兵，刘霞辉.人力资本与研发行为——基于民营企业调研数据的分析 [J].经济学（季刊），2009，8（4）：1567-1590.

② 许昌平.生产率差异、行业生产率增长与企业进退——基于中国制造业企业数据的实证研究 [J].贵州财经大学学报，2014（3）：45-54.

③ 居长志.产业升级与用工短缺的关系理论探析 [J].现代经济探讨，2014（12）：19-23.

第二节 变量及含义

一、因变量

企业生产效率通过数据包络分析法（DEA）计算获得，本书用该模型分析。其中产出以当年企业销售额为代理变量，劳动投入以企业总人数为代理变量，资本投入变量本应采用永续盘存法估计固定资产投资，但由于统计数据缺失，本研究使用固定资产合计作为资本存量的计算基础，并用各地区固定资产投资价格指数予以平减。

二、自变量

（一）企业转型升级变量（Upgrade）

产业升级最终要落实到企业上，企业的转型升级方式路径较多，本研究将其划分为 8 个方面，具体包括采用新技术和新设备、采用新的管理流程、采用新的质量控制体系、提供新技术培训、提供新产品和新服务、改进产品和服务、降低成本和提高产品灵活性等，其中 1 表示是，0 表示否。表 3-1 展示了企业转型升级路径的采用情况，可以看到，企业转型升级路径选择提供新技术培训比例最高，占比高达 70.19%；之后是提高产品灵活性，占比为 63.23%；采用新技术和新设备以及采用新的质量控制体系，占比均为 61.94%；提供新产品和新服务，占比为 52.48%；改进产品和服务以及降低成本，占比均为 49%；选择采用新的管理流程的比例最低，占比为 46.56%。

表 3-1 企业转型升级路径的描述性统计

路径选择	采用新技术和新设备		采用新的质量控制体系		采用新的管理流程		提供新技术培训		提供新产品和新服务		改进产品和服务		降低成本		提高产品灵活性	
是	962	61.94%	962	61.94%	723	46.56%	1090	70.19%	815	52.48%	761	49%	761	49%	982	63.23%
否	591	38.06%	591	38.06%	830	53.44%	463	29.81%	738	47.52%	792	51%	792	51%	571	36.77%

数据来源：世界银行《2012 年中国企业调查》。

（二）技能型人才变量（Skill）

以技术人员比例、获得培训的工人比例作为技能型人力资本投资的代理变量，前者反映了技能型人才的数量，后者反映了企业对技能型人力资本的投资水平。

三、控制变量

（一）工人受教育水平

Jones 认为劳动力受教育水平影响个体的素质[1]，因此本书以工人的受教育年限作为代理变量，反映了企业整体的人力资本素质，以初中以上学历的工人比例反映企业人力资本的结构。

（二）企业控制变量

由于企业异质性会影响生产效率[2]，本书对此变量加以控制。企业规模通过企业人数反映，其中 5 到 19 人的为小型企业，20 到 99 人的为中型企业，大于 100人的为大型企业。"是否是分公司"反映了企业是否具有独立的控制、决策和管理权，如果是别的单位的一部分，部分权力则会丧失，该变量 1 表示是，0 表示否。企业类型主要包括上市公司、持有非流通股股份的公司、独资公司、合伙制公司、有限合伙制公司以及其他类型公司等 6 类，分别用 1 到 6 表示。企业年龄以 2012 年减去企业成立年份，企业领导者性别反映该企业经营管理的决策机制，企业是否参与质量认证反映了企业的产品质量控制水平，企业是否借助网络销售反映了企业的信息化水平和变动趋势，国内销售比例反映了公司产品的国际化程度，企业是否开展研发反映企业的创新水平，电脑使用比例反映企业技术工人对网络技术和信息技术的运用。

（三）宏观经济环境

采用许可证办理难度、政策稳定性和腐败程度三个代理变量予以反映，分别以数字 0 到 4 表示无障碍、小障碍、中度障碍、大障碍和严重障碍 5 个层次。表3-2 展示了变量的描述性统计。

---

[1] JONES B F. The knowledge trap: human capital and development reconsidered[R]. Cambridge, MA: National Bureau of Economic Research, 2008.
[2] 涂正革，肖耿.中国的工业生产力革命——用随机前沿生产模型对中国大中型工业企业全要素生产率增长的分解及分析[J].经济研究，2005（3）：4-15.

表 3-2　变量的描述性统计

变	量	表达式	平均值	标准差	最小值	最大值
因变量	生产效率	Crs	0.025	0.065	0.001	1
	纯技术效率	Vrs	0.130	0.164	0.001	1
	规模效率	Se	0.305	0.293	0.001	1
转型升级	采用新技术和新设备	Tech_Equip	1.381	0.486	0	1
	采用新的质量控制系	Qual_Control	1.520	0.500	0	1
	采用新的管理流程	Management	1.534	0.499	0	1
	提供新技术培训	Tech_Train	1.298	0.458	0	1
	提供新产品和新服务	Newprod	1.475	0.500	0	1
	改进产品和服务	Improve	1.510	0.500	0	1
	降低成本	Costs	1.249	0.433	0	1
	提高产品灵活性	Flexibility	1.368	0.482	0	1
技能型人才	技术人员比例	Skill	47	27.6	0.000	100
	获得培训的工人比例	Training	91.926	18.462	0.000	100
	工人受教育年限	Education	2.299	0.195	0.000	2.890
	初中以上学历工人比例	Highschool	49.686	27.825	0.000	100
企业	企业规模	Size	2.070	0.763	1	3
	是否是分公司	Branch	1.892	0.310	0	1
	企业类型	Type	3.723	1.085	1	6
	企业年龄	Age	2.567	0.964	0.000	7.611
	企业领导者性别	Gender	1.920	0.272	0	1
	企业是否参与质量认证	Quality	1.282	0.450	0	1
	企业是否借助网络销售	Network	1.253	0.435	0	1
	国内销售比例	Domestic	86.215	26.248	0	100
	企业是否开展研发	R&D	1.590	0.492	0	1
	电脑使用比例	Computer	26.971	20.210	0	100

续　表

变　　量		表达式	平均值	标准差	最小值	最大值
宏观环境	许可证办理难度	*License*	0.331	0.622	0	4
	政策稳定性	*Policy*	0.263	0.594	0	4
	腐败程度	*Corruption*	0.274	0.560	0	4

第三节　模型与方法

一、模型

本研究的模型如下式所示：

$$Productivity_i = \beta_0 + \beta_1 Upgrade_i + \beta_2 Skill_i + Z_i + \mu_i$$

其中，$i=1,2,\cdots\cdots$，本文中 $Productivity_i$ 为效率值，$Upgrade_i$ 为企业转型升级变量，$Skill_i$ 为技能型人才投资变量，Z_i 为控制变量，$\mu_i \sim N\left(0,\ \sigma^2\right)$。

二、数据包络分析方法

用于评价相对效率的数据包络分析方法（DEA）是在 1978 年由 Charnes 等提出的，其做法是将每一个评价单元当作相同类型投入和产出组成的决策单元，通过计算各决策单元投入和产出的权重进而确定整个评价单元的生产前沿面，之后根据各决策单元与生产前沿面的距离测定 DEA 的有效性。该模型包括投入导向和产出导向两类，其中投入导向 DEA 是产出水平一定的条件下使投入最小化，产出导向 DEA 是投入水平一定的条件下产出最大化，二者从不同角度解决同一问题，本质上一致。上述作者最早提出的是 CCR 模型，但是由于 CCR 模型在判断某些决策单元时，不能回答非 DEA 的有效决策单元究竟是由于技术无效引起的还是由于自身规模引起的等问题，所以本书选取投入导向性的 BCC 模型进行分析。BCC 模型可以测量总和技术效率，由 Banker、Charnes 和 Cooper 建立，简称为 BCC 模型，其与 CCR 模型的主要区别是在于 CCR 模型的约束条件加入了凸性假设（$e^T\lambda=1$）。BCC 模型表达为：

$$\min[\theta - \varepsilon(e^T s^- + e^T s^+]$$

$$s.t \begin{cases} x_0 - s^- = X\lambda \\ y_0 - s^+ = Y\lambda \\ e^T \lambda = 1 \\ \lambda, s^-, s^+ \geq 0 \end{cases}$$

上式中，θ 为评价单元 DMU_0 的有效值，$X=（x_1, x_2\cdots, x_n）$，$Y=（y_1, y_2\cdots, y_n）$为输入和输出矩阵，s- 和 s+ 为松弛变量，分别为 m 维、s 维的列向量，λ 为权重系数，e 是分量为 1 的向量，ε 为非阿基米德无穷小量。

BCC 模型有效性的判断如下①：

当 $\theta =1$，且 $s^- \neq 0$ 或 $s^+ \neq 0$ 时，则决策单元 DMU_0 为弱 DEA 有效；

当 $\theta =1$，且 $s^-=0$ 和 $s^+=0$ 时，则称决策单元 DMU_0 为 DEA 有效。

三、Tobit 模型

样本选择模型（Tobit）的因变量生产效率的取值在 0 到 1 之间，导致受限因变量模型产生样本选择性偏差，因此采用该模型。一般情况下，如果因变量 Y 的取值在某个区间之内或者受到某种约束条件制约，且与自变量 X_i 有关，则有如下线性模型：

$$Y_i = \beta_0 + \beta^T X_i + \mu_i$$

其中，i=1,2,……，本书中，Y_i 为效率值，X_i 为解释变量，β^T 为未知参数变量，$\mu_i \sim N（0, \sigma^2）$。采用 Tobit 估计时可以得到一致估计量。

第四节　结果分析

表 3-3 展示了采用新技术和新设备这一转型升级路径下技能型人力资本投资对企业生产效率的影响。模型 1 反映了转型升级路径为采用新技术和新设备时对企业生产效率的影响，可以发现，采用新技术和新设备负向影响企业的生产效率，但是不显著。模型 2 反映了企业技术人员比例对企业生产效率的影响，可以发现企业技术人员比例越高，企业生产效率越高，但是仍然不显著。模型 3 反映的是获得培训的工人比例与企业生产效率的关系，尽管负向影响企业生产效率，

但是并不显著。模型4将三个关键变量引入模型，发现对生产效率的影响依然不显著，但是对生产效率的影响变大。模型5将控制变量引入模型，发现工人的受教育年限正向影响生产效率，但是影响不显著。初中以上学历的工人比例负向影响生产效率，但不显著；企业规模不利于企业生产效率的提高，但不显著。企业是否为分公司在10%的水平上显著负向影响生产效率，即若是分公司，生产效率要比独立公司的生产效率更高。企业类型在5%的水平上显著负向影响企业生产效率，且企业类型在上市公司、持有非流通股股份的公司、独资公司、合伙制公司、有限合伙制公司和其他类型的变化过程中，生产效率是降低的。企业年龄不利于企业生产效率的提高，但是影响不显著。企业领导者是否为女性、企业是否参与质量认证负向影响企业生产效率，但是影响不显著。企业是否借助网络销售在5%的水平上显著负向影响企业生产效率，即越是借助网络销售，企业生产效率越低。企业的国内销售比例尽管正向影响企业生产效率，但是影响不显著。企业是否开展研发在10%的显著性水平下负向影响企业生产效率，反映出我国企业的困境，即与不开展研发的企业相比，开展研发的企业的生产效率反而更低。员工电脑使用比例在1%的水平上显著正向影响生产率，即电脑的普及提高了企业的生产效率。许可证办理难度在1%的显著性水平上负向影响企业生产效率，即随着许可证办理难度增加，企业生产效率降低。政策稳定性在5%的水平上正向影响企业生产效率，即政策稳定性越高，企业生产效率越高。腐败对企业生产效率影响为正，但不显著。

模型6反映了转型升级路径为采用新技术和新设备时对企业纯技术效率的影响，可以发现，采用新技术和新设备在1%的显著性水平上正向影响企业的纯技术效率。模型7反映了企业技术人员比例对纯技术效率的影响，可以发现企业技术人员比例越高，企业的纯技术效率越高。模型8反映的是获得培训的工人比例与纯技术效率的关系，尽管正向影响纯技术效率，但是并不显著。模型9将三个关键变量引入模型，发现采用新技术和新设备、企业技术人员比例对企业纯技术效率的影响依然显著。模型10将控制变量引入模型，发现采用新技术和新设备对企业纯技术效率的影响不再显著。另外，工人的受教育年限、企业是否参与质量认证正向显著影响企业纯技术效率，初中以上学历的工人比例、企业规模、企业类型、许可证办理难度负向显著影响企业纯技术效率。

模型11反映了转型升级路径为采用新技术和新设备时对企业规模效率的影响，可以发现，采用新技术和新设备在1%的显著性水平上负向影响企业的规模效率。模型 12 反映了企业技术人员比例对规模效率的影响，可以发现企业技术人员比例越高，企业规模效率越低。模型 13 反映的是获得培训的工人比例与企业规模效率的关系，尽管负向影响规模效率，但是影响并不显著。模型 14 将三个关键变量引入模型，发现采用新技术和新设备、企业技术人员比例对企业规模效率的影响依然显著。模型 15 将控制变量引入模型，发现采用新技术和新设备、企业技术人员比例对规模效率的影响不再显著，但是技术人员比例的影响变得显著，技术人员比例越高，企业规模效率越低。另外，企业规模、企业年龄、企业领导者性别和电脑使用比例正向显著影响企业规模效率，是否是分公司、企业是否参与质量认证、企业是否借助网络销售以及企业是否开展研发负向显著影响企业规模效率。

表3-3　采用新技术和新设备转型升级路径下技能型人力资本投资对企业生产效率的影响表

因变量 自变量	生产效率 Crs						纯技术效率 Vrs					规模效率 Se			
	(1)	(2)	(3)	(4)	(5)	(6)	(7)	(8)	(9)	(10)	(11)	(12)	(13)	(14)	(15)
转型升级（新技术和新设备）	-0.002 (-0.67)			-0.004 (-1.13)	-0.002 (-0.39)	0.060*** (7.06)			0.031*** (3.79)	0.003 (0.39)	-0.076*** (-4.96)			-0.059*** (-3.50)	0.015 (0.92)
技术人员比例		0.003 (0.58)		0.005 (0.76)	0.004 (0.56)		0.100*** (6.73)		0.074*** (5.08)	0.046*** (3.52)		-0.086*** (-3.18)		-0.077** (-2.53)	-0.025 (-0.96)
获得培训工人比例			-0.000 (-0.53)	-0.000 (-0.44)	-0.000 (-1.30)			0.000 (1.40)	0.000 (1.20)	0.000 (0.83)			-0.000 (-0.84)	-0.000 (-0.62)	-0.001** (-2.01)
工人受教育年限					0.007 (0.51)					0.049* (1.78)					-0.036 (-0.65)
初中以上学历比例					-0.000 (-0.85)					-0.000* (-1.68)					-0.000 (-0.22)
企业规模					-0.001 (-0.27)					-0.077*** (-16.06)					0.173*** (18.09)
是否是分公司					-0.010* (-1.86)					-0.017 (-1.57)					-0.077*** (-3.52)
企业类型					-0.004** (-2.19)					-0.007** (-2.24)					-0.011* (-1.68)
企业年龄					-0.000 (-0.23)					-0.002 (-0.64)					0.014** (2.07)
企业领导者性别					-0.004 (-0.61)					-0.007 (-0.58)					0.046* (1.88)

续表

因变量	生产效率 Crs					纯技术效率 Vrs					规模效率 Se				
自变量	(1)	(2)	(3)	(4)	(5)	(6)	(7)	(8)	(9)	(10)	(11)	(12)	(13)	(14)	(15)
企业是否参与质量认证			0.029*** (3.31)	0.032*** (3.11)	-0.002 (-0.35)			0.087*** (4.39)	0.015 (0.68)	0.034*** (4.06)			0.354*** (8.63)	0.460*** (9.81)	-0.077*** (-4.55)
是否借助网络销售					-0.010** (-2.20)					-0.000 (-0.02)					-0.065*** (-3.78)
国内销售比例					0.000 (1.03)					0.000** (2.33)					0.000 (0.27)
企业是否开展研发					-0.007* (-1.74)					0.019** (2.53)					-0.080*** (-5.28)
电脑使用比例					0.000*** (3.39)					0.001*** (3.06)					0.001*** (3.95)
许可证办理难度					-0.010*** (-2.91)					-0.020*** (-2.89)					-0.013 (-0.96)
政策稳定性					0.010** (2.31)					0.006 (0.69)					0.020 (1.21)
腐败程度					0.001 (0.30)					0.013 (1.49)					0.013 (0.75)
Constant	0.028*** (5.62)	0.023*** (7.08)			0.077*** (2.06)	0.048*** (3.88)	0.083*** (10.24)			0.107 (1.45)	0.410*** (18.39)	0.346*** (23.55)			0.410*** (2.81)
Sigma	0.065*** (55.71)	0.065*** (55.69)	0.064*** (51.67)	0.064*** (51.65)	0.063*** (51.34)	0.161*** (55.71)	0.162*** (55.69)	0.143*** (51.67)	0.141*** (51.65)	0.123*** (51.34)	0.291*** (55.71)	0.293*** (55.69)	0.295*** (51.66)	0.293*** (51.65)	0.244*** (51.34)
N	1553	1552	1336	1335	1319	1553	1552	1336	1335	1319	1553	1552	1336	1335	1319
R^2	-0.000	-0.000	-0.000	-0.001	-0.014	-0.041	-0.037	-0.001	-0.034	-0.281	0.041	0.017	0.001	0.041	0.964

表 3-4 展示了其他转型升级路径下的技能型人力资本投资对企业生产效率的影响。模型 1—3 反映的是转型升级路径为采用新的质量控制体系时的技能型人力资本投资对企业生产率、纯技术效率和规模效率的影响。模型 1 中，新的质量控制体系对于企业生产效率、纯技术效率和规模效率的影响尽管为正，但都不显著。技术人员比例只对企业纯技术效率的影响显著为正，表明技术人员比例越高，纯技术效率越高。获得培训的工人比例在 10% 的水平上负向影响企业规模效率，但是对企业生产效率和纯技术效率的影响不显著。从控制变量来看，模型 1 中是否是分公司、企业类型、企业是否借助网络销售、企业是否开展研发和许可证办理难度负向显著影响企业生产效率，电脑使用比例和政策稳定性显著正向影响企业生产效率。模型 2 中，工人的受教育年限、企业是否参与质量认证、国内销售比例、企业是否开展研发和电脑使用比例正向影响企业纯技术效率，初中以上学历的工人比例、企业规模、企业类型和许可证办理难度负向影响企业纯技术效率。模型 3 中，获得培训的工人比例、是否是分公司、企业是否参与质量认证、企业是否借助网络销售以及企业是否开展研发负向影响企业规模效率，企业规模、企业年龄、企业领导者性别和电脑使用比例正向影响企业规模效率。

模型 4—6 反映的是转型升级路径为采用新的管理流程时技能型人力资本投资对企业生产率、纯技术效率和规模效率的影响。模型 4 中，采用新的管理流程对于企业生产效率、纯技术效率和规模效率的影响不显著。技术人员比例只对企业纯技术效率的影响显著为正，表明技术人员比例越高，企业纯技术效率越高。获得培训的工人比例在 5% 的水平上负向影响企业规模效率，但是对企业生产效率和纯技术效率的影响不显著。从控制变量来看，模型 4 中是否是分公司、企业类型、企业是否借助网络销售、企业是否开展研发和许可证办理难度负向显著影响企业生产效率，电脑使用比例和政策稳定性显著正向影响企业生产效率。模型 5 中，工人的受教育年限、企业是否参与质量认证、国内销售比例、企业是否开展研发、电脑使用比例正向影响企业纯技术效率，企业规模、是否是分公司、企业类型和许可证办理难度负向影响企业纯技术效率。模型 6 中，获得培训的工人比例、是否是分公司、企业是否参与质量认证、企业是否借助网络销售以及企业是否开展研发负向影响企业规模效率，企业规模、企业年龄、企业领导者性别和电脑使用比例正向影响企业规模效率。

模型 7—9 反映的是转型升级路径为提供新技术培训时技能型人力资本投资对企业生产率、纯技术效率和规模效率的影响。可以发现，提供新技术培训对于企业生产效率、纯技术效率和规模效率的影响不显著。技术人员比例只对企业纯技术效率的影响显著为正，表明技术人员比例越高，企业纯技术效率越高。获得培训的工人比例在5%的水平上负向影响企业规模效率，但是对企业生产效率和纯技术效率的影响不显著。从控制变量来看，模型7中是否是分公司、企业类型、企业是否借助网络销售、企业是否开展研发以及许可证办理难度负向显著影响企业生产效率，电脑使用比例和政策稳定性显著正向影响企业生产效率。模型8中，工人的受教育年限、企业是否参与质量认证、国内销售比例、企业是否开展研发以及电脑使用比例正向影响企业纯技术效率，企业规模、企业类型和许可证办理难度负向影响企业纯技术效率。模型9中，获得培训的工人比例、是否是分公司、企业是否参与质量认证、企业是否借助网络销售以及企业是否开展研发负向影响企业规模效率，企业规模、公司年龄、企业领导者性别和电脑使用比例正向影响企业规模效率。

模型10—12反映的是转型升级路径为新产品和新服务开发时技能型人力资本投资对企业生产率、纯技术效率和规模效率的影响。可以发现，新产品和新服务开发对于企业纯技术效率影响显著为正。技术人员比例只对纯技术效率的影响显著为正，表明技术人员比例越高，纯技术效率越高。获得培训的工人比例在5%的水平上负向影响企业规模效率，但是对企业生产效率和纯技术效率的影响不显著。从控制变量来看，模型10中是否是分公司、企业类型、企业是否借助网络销售、企业是否开展研发以及许可证办理难度负向显著影响企业生产效率，电脑使用比例和政策稳定性显著正向影响企业生产效率。模型11中，工人的受教育年限、企业是否参与质量认证、国内销售比例、企业是否开展研发和电脑使用比例正向影响企业纯技术效率，企业规模、是否为分公司、企业类型和许可证办理难度负向影响企业纯技术效率。模型12中，获得培训的工人比例、是否是分公司、企业是否参与质量认证、企业是否借助网络销售以及企业是否开展研发负向影响企业规模效率，企业规模、企业年龄、企业领导者性别和电脑使用比例正向影响企业规模效率。

表 3-4 其他转型升级路径下的技能型人力资本投资对生产效率的影响

因变量	Crs	Vrs	Se	Crs	Vrs	Se	Crs	Vrs	Se	Crs	Vrs	Se
模型序列	(1)	(2)	(3)	(4)	(5)	(6)	(7)	(8)	(9)	(10)	(11)	(12)
自变量	新的质量控制体系			新的管理流程			提供新技术培训			新产品和新服务开发		
转型升级	0.001 (0.31)	0.005 (0.66)	0.002 (0.16)	0.000 (0.05)	0.011 (1.47)	-0.009 (-0.58)	-0.002 (-0.55)	0.009 (1.05)	-0.013 (-0.78)	0.004 (0.92)	0.015** (1.97)	-0.017 (-1.15)
技术人员比例	0.003 (0.51)	0.046*** (3.52)	-0.023 (-0.90)	0.004 (0.53)	0.045*** (3.43)	-0.022 (-0.84)	0.003 (0.50)	0.048*** (3.62)	-0.024 (-0.93)	0.003 (0.49)	0.046*** (3.46)	-0.022 (-0.83)
获得培训工人比例	-0.000 (-1.30)	0.000 (0.89)	-0.001* (-1.95)	-0.000 (-1.31)	0.000 (1.00)	-0.001** (-2.02)	-0.000 (-1.32)	0.000 (0.85)	-0.001** (-1.97)	-0.000 (-1.40)	0.000 (0.67)	-0.001* (-1.86)
工人受教育年限	0.007 (0.51)	0.049* (1.77)	-0.036 (-0.67)	0.007 (0.52)	0.050* (1.80)	-0.037 (-0.68)	0.008 (0.56)	0.047* (1.68)	-0.033 (-0.60)	0.008 (0.54)	0.050* (1.83)	-0.038 (-0.69)
初中以上学历比例	-0.000 (-0.85)	-0.000* (-1.66)	-0.000 (-0.20)	-0.000 (-0.85)	-0.000 (-1.63)	-0.000 (-0.22)	-0.000 (-0.89)	-0.000 (-1.61)	-0.000 (-0.25)	-0.000 (-0.84)	-0.000 (-1.64)	-0.000 (-0.23)
企业规模	-0.001 (-0.26)	-0.077*** (-16.04)	0.173*** (18.09)	-0.001 (-0.27)	-0.077*** (-16.06)	0.173*** (18.09)	-0.001 (-0.30)	-0.077*** (-16.00)	0.172*** (18.03)	-0.001 (-0.29)	-0.078*** (-16.12)	0.173*** (18.12)
是否是分公司	-0.011* (-1.92)	-0.018 (-1.59)	-0.076*** (-3.45)	-0.011* (-1.90)	-0.019* (-1.68)	-0.074*** (-3.38)	-0.011* (-1.87)	-0.018 (-1.59)	-0.074*** (-3.41)	-0.011** (-1.99)	-0.019* (-1.74)	-0.073*** (-3.31)
企业类型	-0.004** (-2.24)	-0.007** (-2.25)	-0.010 (-1.62)	-0.004** (-2.22)	-0.007** (-2.30)	-0.010 (-1.58)	-0.004** (-2.23)	-0.007** (-2.20)	-0.010 (-1.62)	-0.004** (-2.32)	-0.008** (-2.45)	-0.009 (-1.46)
企业年龄	-0.000 (-0.16)	-0.002 (-0.61)	0.014** (1.99)	-0.000 (-0.19)	-0.002 (-0.46)	0.013* (1.89)	-0.000 (-0.23)	-0.002 (-0.62)	0.013* (1.94)	-0.000 (-0.08)	-0.001 (-0.42)	0.013* (1.82)
企业领导者性别	-0.004 (-0.63)	-0.007 (-0.59)	0.047* (1.91)	-0.004 (-0.62)	-0.008 (-0.64)	0.048* (1.94)	-0.004 (-0.59)	-0.008 (-0.62)	0.048* (1.95)	-0.005 (-0.71)	-0.009 (-0.75)	0.050** (2.02)
是否参与质量认证	-0.002 (-0.41)	0.034*** (4.05)	-0.076*** (-4.49)	-0.002 (-0.39)	0.034*** (3.98)	-0.075*** (-4.43)	-0.001 (-0.31)	0.033*** (3.92)	-0.074*** (-4.34)	-0.002 (-0.43)	0.034*** (4.00)	-0.074*** (-4.43)
是否借助网络销售	-0.010** (-2.30)	-0.001 (-0.08)	-0.063*** (-3.66)	-0.010** (-2.24)	-0.002 (-0.26)	-0.061*** (-3.50)	-0.009** (-2.11)	-0.002 (-0.19)	-0.060*** (-3.44)	-0.010** (-2.34)	-0.001 (-0.12)	-0.061*** (-3.59)
国内销售比例	0.000 (1.02)	0.000** (2.32)	0.000 (0.27)	0.000 (1.03)	0.000** (2.32)	0.000 (0.27)	0.000 (1.03)	0.000** (2.33)	0.000 (0.27)	0.000 (1.01)	0.000** (2.28)	0.000 (0.30)
是否开展研发	-0.008** (-1.99)	0.019** (2.52)	-0.076*** (-5.10)	-0.007* (-1.95)	0.018** (2.45)	-0.073*** (-5.04)	-0.007* (-1.88)	0.019*** (2.65)	-0.074*** (-5.11)	-0.008** (-2.18)	0.015** (2.03)	-0.070*** (-4.61)
电脑使用比例	0.000*** (3.31)	0.001*** (3.05)	0.002*** (4.08)	0.000*** (3.36)	0.001*** (3.04)	0.002*** (4.16)	0.000*** (3.33)	0.001*** (3.21)	0.002*** (4.08)	0.000*** (3.29)	0.001*** (3.00)	0.002*** (4.21)
许可证办理难度	-0.010*** (-2.87)	-0.020*** (-2.90)	-0.014 (-1.03)	-0.010*** (-2.88)	-0.019*** (-2.86)	-0.014 (-1.07)	-0.010*** (-2.84)	-0.020*** (-3.01)	-0.013 (-0.97)	-0.010*** (-2.84)	-0.019*** (-2.84)	-0.015 (-1.09)
政策稳定性	0.010** (2.32)	0.006 (0.72)	0.020 (1.21)	0.010** (2.31)	0.006 (0.75)	0.020 (1.17)	0.010** (2.29)	0.006 (0.73)	0.020 (1.17)	0.010** (2.31)	0.006 (0.68)	0.020 (1.21)
腐败程度	0.001 (0.30)	0.013 (1.51)	0.013 (0.75)	0.001 (0.30)	0.013 (1.54)	0.012 (0.73)	0.001 (0.29)	0.013 (1.51)	0.012 (0.74)	0.001 (0.30)	0.013 (1.51)	0.012 (0.74)
Constant	0.077*** (2.04)	0.105 (1.42)	0.410*** (2.80)	0.077*** (2.04)	0.098 (1.33)	0.417*** (2.85)	0.077*** (2.05)	0.107 (1.45)	0.411*** (2.81)	0.077*** (2.05)	0.107 (1.45)	0.410*** (2.81)
Sigma	0.063*** (51.34)	0.123*** (51.34)	0.244*** (51.34)	0.063*** (51.34)	0.123*** (51.35)	0.244*** (51.34)	0.063*** (51.34)	0.123*** (51.34)	0.244*** (51.34)	0.063*** (51.34)	0.123*** (51.34)	0.244*** (51.34)
N	1319	1319	1319	1319	1319	1319	1319	1319	1319	1319	1319	1319
R^2	-0.014	-0.281	0.962	-0.014	-0.282	0.963	-0.014	-0.282	0.964	-0.014	-0.284	0.965

表 3-5 中，模型 13—15 反映的是转型升级路径为改进产品和服务时技能型人力资本投资对企业生产率、纯技术效率和规模效率的影响。可以发现，改进产品和服务对于企业生产率、纯技术效率和规模效率的影响均不显著。技术人员比例只对纯技术效率的影响显著为正，表明技术人员比例越高，纯技术效率越高。获得培训的工人比例在 5% 的水平上负向影响企业规模效率，但是对企业生产效率和纯技术效率的影响不显著。从控制变量来看，模型 13 中是否是分公司、企业类型、企业是否借助网络销售、是否开展研发以及许可证办理难度负向显著影响企业的生产效率，电脑使用比例和政策稳定性显著正向影响企业生产效率。模型 14 中，工人受教育年限、企业是否参与质量认证、国内销售比例、是否开展研发以及电脑使用比例正向影响企业纯技术效率，初中以上学历工人比例、企业规模、是否为分公司、企业类型和许可证办理难度负向影响企业纯技术效率。模型 15 中，获得培训的工人比例、是否是分公司、企业是否参与质量认证、是否借助网络销售以及企业是否开展研发负向影响企业规模效率，企业规模、公司年龄、企业领导者性别和电脑使用比例正向影响企业规模效率。

模型 16—18 反映的是转型升级路径为降低成本时技能型人力资本投资对企业生产率、纯技术效率和规模效率的影响。可以发现，降低成本只对企业规模效率的影响在 1% 的水平上显著为正。技术人员比例只对纯技术效率的影响显著为正，表明技术人员比例越高，纯技术效率越高。获得培训的工人比例在 10% 的水平上负向影响企业规模效率，但是对企业生产效率和纯技术效率的影响不显著。从控制变量来看，模型 16 中，是否是分公司、企业类型、企业是否借助网络销售、企业是否开展研发、许可证办理难度负向显著影响企业生产效率，电脑使用比例和政策稳定性显著正向影响企业生产效率。模型 17 中，工人的受教育年限、企业是否参与质量认证、国内销售比例、企业是否开展研发以及电脑使用比例正向影响企业纯技术效率，初中以上学历的工人比例、企业规模、企业类型和许可证办理难度负向影响企业纯技术效率。模型 18 中，是否是分公司、企业类型、企业是否参与质量认证、企业是否借助网络销售以及企业是否开展研发负向影响企业规模效率，企业规模、企业年龄、企业领导者性别和电脑使用比例正向影响企业规模效率。

模型 19—21 反映的是转型升级路径为提高产品灵活性时技能型人力资本投资对企业生产率、纯技术效率和规模效率的影响。可以发现，提高产品灵活性对企业生产率、纯技术效率和规模效率的影响不显著。技术人员比例只对企业纯技术效率的影响显著为正，表明技术人员比例越高，企业纯技术效率越高。获得培训的工人比例在10%的水平上负向影响规模效率，但是对企业生产效率和纯技术效率的影响不显著。从控制变量来看，模型19中，是否是分公司、企业类型、企业是否借助网络销售、企业是否开展研发以及许可证办理难度负向显著影响企业生产效率，电脑使用比例和政策稳定性显著正向影响企业生产效率。模型20中，工人的受教育年限、企业是否参与质量认证、国内销售比例、企业是否开展研发以及电脑使用比例正向影响企业纯技术效率，初中以上学历的工人比例、企业规模、企业类型和许可证办理难度负向影响企业纯技术效率。模型21中，是否是分公司、企业类型、企业是否参与质量认证、企业是否借助网络销售以及企业是否开展研发负向影响企业规模效率，企业规模、企业年龄、企业领导者性别和电脑使用比例正向影响企业规模效率。

表3-5　其他转型升级路径下的企业技术型人力资本投资对生产效率的影响

因变量	Crs	Vrs	Se	Crs	Vrs	Se	Crs	Vrs	Se
模型序列	(13)	(14)	(15)	(16)	(17)	(18)	(19)	(20)	(21)
自变量	改进产品和服务			降低成本			提高产品灵活性		
转型升级	-0.001 (-0.36)	0.010 (1.29)	-0.010 (-0.64)	-0.001 (-0.16)	-0.004 (-0.49)	0.050*** (2.85)	-0.001 (-0.35)	0.004 (0.55)	0.015 (0.98)
技术人员比例	0.004 (0.54)	0.047*** (3.55)	-0.023 (-0.88)	0.003 (0.50)	0.046*** (3.44)	-0.012 (-0.44)	0.004 (0.54)	0.047*** (3.55)	-0.024 (-0.90)
获得培训的工人比例	-0.000 (-1.32)	0.000 (0.85)	-0.001** (-1.97)	-0.000 (-1.33)	0.000 (0.82)	-0.001* (-1.82)	-0.000 (-1.33)	0.000 (0.87)	-0.001* (-1.93)
工人的受教育年限	0.007 (0.52)	0.049* (1.76)	-0.036 (-0.66)	0.007 (0.52)	0.049* (1.79)	-0.041 (-0.75)	0.007 (0.50)	0.050* (1.80)	-0.034 (-0.62)
初中以上学历比例	-0.000 (-0.86)	-0.000* (-1.66)	-0.000 (-0.21)	-0.000 (-0.85)	-0.000* (-1.66)	-0.000 (-0.29)	-0.000 (-0.84)	-0.000* (-1.70)	-0.000 (-0.25)
企业规模	-0.001 (-0.26)	-0.078*** (-16.10)	0.173*** (18.10)	-0.001 (-0.27)	-0.077*** (-16.06)	0.173*** (18.18)	-0.001 (-0.27)	-0.077*** (-16.06)	0.173*** (18.10)
是否是分公司	-0.010* (-1.86)	-0.018* (-1.65)	-0.074*** (-3.38)	-0.011* (-1.90)	-0.017 (-1.53)	-0.077*** (-3.53)	-0.011* (-1.88)	-0.017 (-1.57)	-0.076*** (-3.50)
企业类型	-0.004** (-2.16)	-0.008** (-2.37)	-0.010 (-1.51)	-0.004** (-2.20)	-0.007** (-2.16)	-0.012* (-1.87)	-0.004** (-2.19)	-0.007** (-2.25)	-0.011* (-1.69)
企业年龄	-0.000 (-0.24)	-0.002 (-0.51)	0.013* (1.89)	-0.000 (-0.20)	-0.002 (-0.70)	0.015** (2.13)	-0.000 (-0.22)	-0.002 (-0.65)	0.014* (2.05)
企业领导者性别	-0.004 (-0.59)	-0.008 (-0.67)	0.048* (1.96)	-0.004 (-0.62)	-0.007 (-0.55)	0.046* (1.86)	-0.004 (-0.59)	-0.008 (-0.61)	0.045* (1.82)
企业是否参与质量认证	-0.002 (-0.37)	0.034*** (4.02)	-0.075*** (-4.45)	-0.002 (-0.36)	0.035*** (4.13)	-0.082*** (-4.87)	-0.002 (-0.35)	0.034*** (4.01)	-0.077*** (-4.57)
企业是否借助网络销售	-0.010** (-2.22)	-0.001 (-0.12)	-0.062*** (-3.58)	-0.010** (-2.27)	0.000 (0.05)	-0.065*** (-3.80)	-0.010** (-2.25)	0.000 (0.00)	-0.064*** (-3.74)
国内销售比例	0.000 (1.04)	0.000** (2.28)	0.000 (0.29)	0.000 (1.02)	0.000** (2.32)	0.000 (0.32)	0.000 (1.02)	0.000** (2.33)	0.000 (0.29)

续表

因变量 模型序列 自变量	Crs (13) 改进产品和服务	Vrs (14)	Se (15)	Crs (16) 降低成本	Vrs (17)	Se (18)	Crs (19) 提高产品灵活性	Vrs (20)	Se (21)
企业是否开展研发	-0.007* (-1.71)	0.017** (2.16)	-0.072*** (-4.67)	-0.007* (-1.92)	0.021** (2.88)	-0.083*** (-5.74)	-0.007* (-1.81)	0.019** (2.57)	-0.079*** (-5.35)
电脑使用比例	0.000*** (3.39)	0.001*** (2.96)	0.002*** (4.18)	0.000*** (3.37)	0.001*** (3.18)	0.001*** (3.86)	0.000*** (3.38)	0.001*** (3.00)	0.001*** (3.90)
许可证办理难度	-0.010*** (-2.90)	-0.020*** (-2.91)	-0.014 (-1.05)	-0.010*** (-2.89)	-0.020*** (-2.92)	-0.015 (-1.12)	-0.010*** (-2.90)	-0.020*** (-2.91)	-0.013 (-1.00)
政策稳定性	0.010** (2.31)	0.006 (0.70)	0.020 (1.20)	0.010** (2.30)	0.006 (0.66)	0.023 (1.35)	0.010** (2.32)	0.006 (0.67)	0.020 (1.18)
腐败程度	0.001 (0.28)	0.013 (1.54)	0.012 (0.72)	0.001 (0.31)	0.013 (1.52)	0.009 (0.54)	0.001 (0.29)	0.013 (1.50)	0.013 (0.76)
$Constant$	0.077** (2.05)	0.108 (1.47)	0.409*** (2.80)	0.078** (2.06)	0.109 (1.47)	0.386*** (2.64)	0.078** (2.07)	0.104 (1.42)	0.403*** (2.75)
$Sigma$	0.063*** (51.34)	0.123*** (51.34)	0.244*** (51.34)	0.063*** (51.34)	0.123*** (51.34)	0.243*** (51.34)	0.063*** (51.34)	0.123*** (51.34)	0.244*** (51.34)
N	1319	1319	1319	1319	1319	1319	1319	1319	1319
R^2	-0.014	-0.282	0.963	-0.014	-0.281	0.978	-0.014	-0.281	0.964

第五节　本章小结

本研究通过 Tobit 模型对世界银行《2012 年中国企业调查》数据进行定量分析，以便获得不同转型升级路径下技能型人力资本投资对企业生产效率、企业纯技术效率和企业规模效率的影响。通过分析，得到以下基本结论：一是不同转型升级路径下技能型人力资本投资对企业生产效率、纯技术效率和规模效率的影响不同，绝大多数转型升级路径对企业生产效率、纯技术效率和规模效率的影响不显著。新产品和新服务开发正向显著影响企业纯技术效率，若采用新产品和新服务开发作为企业转型升级手段，可以提高企业纯技术效率的 5%。降低成本在 1% 的显著性水平上正向影响规模效率，即若采用降低成本作为企业转型升级手段，可以提高企业规模效率 1%。二是企业中技术人员所占的比例和获得培训的工人比例显著正向影响企业纯技术效率。三是电脑使用比例和政策稳定性显著正向影响企业生产效率，企业是否为分公司、企业类型、企业是否借助网络销售、企业是否开展研发以及许可证办理难度负向显著影响企业生产效率。四是工人的受教育年限、企业是否参与质量认证、国内销售比例、企业是否开展研发和电脑使用比例正向影响企业纯技术效率，初中以上学历的工人比例、企业规模、企业类型以及许可证办理难度负向影响企业纯技术效率。五是企业规模、公司年龄、企业领导者性别和电脑使用比例正向影响企业规模效率，是否是分公司、企业类型、企业是否参与质量认证、是否借助网络销售以及企业是否开展研发负向影响企业规模效率。

　　该研究结果有四点启示：一是要以创新为核心，不断开发新产品和新服务，克服数字经济和知识经济带来的产品和服务市场寿命越来越短的挑战，增强企业的核心竞争力。二是要着力降低企业各类成本。受市场用工成本制约，企业通过减薪降低劳动力成本的途径基本上不可行，因此需要降低其他成本，具体包括降低税收成本、原料成本、制造费用、销售费用等。国家要对转型升级的企业给予技改专项资金、科技专项资金以及低息融资等优惠，落实企业开展技能培训的财政补贴机制。企业也要根据产业升级的需要，重构企业组织结构、管理流程和管理制度等，千方百计降低成本。三是为了提高企业纯技术效率，要提高企业技能型人才的比例，改善技能型人才结构，通过推进学徒制、提升技能型人才待遇以及完善激励机制等手段吸引更多的劳动力参加培训，学习新知识，了解新技术，掌握新技能。四是要加强高级技能人才培养，不仅对新技术和新知识进行培训，还要不断提升技能型人才的计算机运用能力和信息化管理水平。通过整合财政资金，选择各行业中设施设备先进、技术人员水平高、管理规范且开工不足的企业作为高级技工培养基地，提高技能培训质量。

第四章 技能型人力资本投资与制造业技能型人才需求匹配分析

决定一个国家或地区制造业产业国际竞争力的核心因素是从业人员的人力资本和技能水平。从业人员的人力资本和技能水平差异导致他们消化吸收技术的能力以及技术应用和创新能力的差异。[①] 技能型人才由于知识结构和技能水平的差异会对企业技术能力和创新能力产生不同的影响。发达国家的先进技术与高素质劳动力相匹配推动着企业转型升级[②]，发展中国家由于劳动力素质低，难以有效吸收先进的技术，从而不利于先进技术的推广和充分利用。因此，企业需要按照技术能力的发展水平配备相应的人力资本，通过投资包括技能型人力资本在内的各种人力资本，不断提升技术能力和创新能力实现企业的转型升级。在广泛开展企业调研的基础上，本章将就技能型人力资本投资与制造业企业技能型人才需求匹配之间的关系展开分析。

第一节 我国制造业企业转型升级状况分析

为全面客观了解制造业转型升级情况和企业技能型人力资本投资与技能型人才需求等基本情况，本研究有针对性地开展了企业调查，发放《制造业企业技能人才基本状况调查（企业卷）》（附录2）调查问卷800份，去除无效问卷后获有

---

① CHANARON J J, PERRIN J. Science, technology and work organization[J]. International Journal of Technology Management, 1987, 2(3-4): 377-389.

② ACEMOGLU D. A microfoundation for social increasing returns in human capital accumulation[J]. The Quarterly Journal of Economics, 1996,111(3):779-804.

效问卷 703 份，有效问卷率为 87.88%。

　　根据调研，发现 65.27% 的企业经历过转型升级，且从 1997 年开始便有企业开始转型升级，2008 年之后制造业转型升级的步伐进一步加快（图 4-1）。

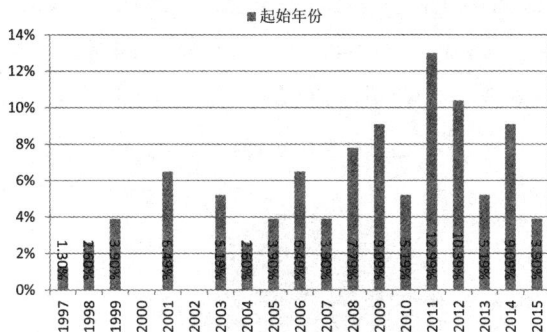

图 4-1　企业转型升级的起始年份

数据来源：《制造业企业技能人才基本状况调查（企业卷）》

　　从企业转型升级路径类别来看，可分为产业转型、产品升级、企业类型转型、商业模式转型、进入新的市场、管理转型、创业者自身的转型以及其他转型等类别。根据调查，企业转型类型为进入新的市场的比例最高，占比为 20.41%；其次是企业类型转型，占比为 14.29%；产业转型的占比最低，占比为 6.12%（图 4-2）。

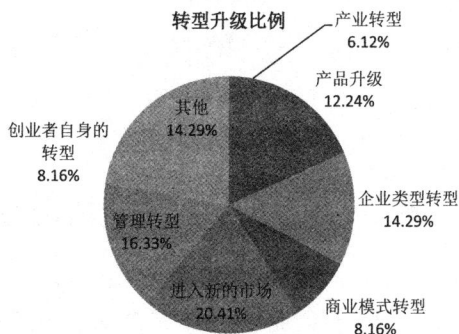

图 4-2　企业转型升级路径类别占比

数据来源：《制造业企业技能人才基本状况调查（企业卷）》

企业转型升级的动因来自诸多方面，通过调研发现，从企业的长远发展考虑是企业转型升级的第一动因，占比为 19.23%；其次是找到新的市场渠道和新技术，占比为 15.38%；产能过剩、恶性竞争以及周围企业家都在考虑转型也会引起企业转型升级，这两个比例并列位居第三，占比均为 13.46%；其他动因依次是行业发展前景暗淡，占比为 11.54%，产品低端、缺乏竞争力，占比为 7.69%，市场萎缩，占比为 7.69%，企业成本难以消化，占比 5.77%（图 4-3）。

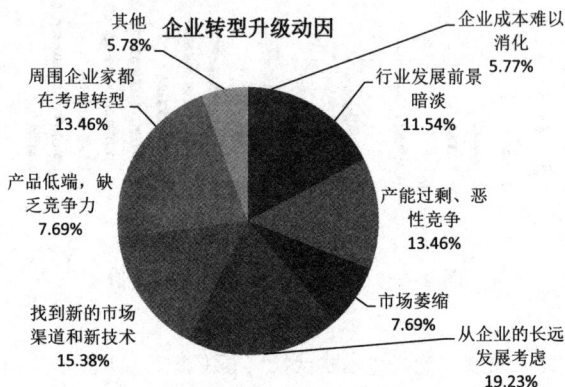

图 4-3　企业转型升级的动因占比

数据来源：《制造业企业技能人才基本状况调查（企业卷）》

企业发展过程中所从事的行业也出现不同程度变化，其中"行业选择没有发生变化"占比为 27.59%，"主业未变，进入多个行业"占比为 34.48%，"主业发生变化，但仍保留原行业"占比为 24.14%，"放弃原行业，完全进入新行业"的占比为 13.79%。

第二节　技能型人才供求情况分析

2014—2016 年，703 家样本企业同期用工总量分别为 13.19 万人、12.86 万人和 13.45 万人，用工总量呈现出回升向好的态势。当前制造业企业缺工率较低，属企业正常人员流动。703 家样本企业中缺工的有 147 家，占比为 20.91%，缺工 10 612 人，占当前用工总量的 7.89%。其中，缺女工 4 782 人，占缺工总人数的 45.06%；缺男工 3 165 人，占缺工总人数的 29.83%；无性别要求 2 665 人，占缺工总人数的 25.11%。缺工 18～25 岁（"90 后"）的占比为 19.54%，26～35 岁（"80 后"）的占比为 36.44%，36～45 岁（"70 后"）的占比为 15.51%，46 岁以上（"60 后"）占比为 28.51%。技术工人缺工占总缺工数量占比为 23.76%，其中初级技工缺工占比为 63.67%，中级技工缺工占比 19.13%，高级技工缺工占比为 9.21%，技师缺工占比为 5.71%，高级技师缺工占比为 2.28%。

具体到微观企业层面，有 80 家企业近三年用工总量基本持平，占 11.38%；263 家企业用工量减少，占 37.41%；360 家企业用工增加，占 51.21%（图 4-4）。

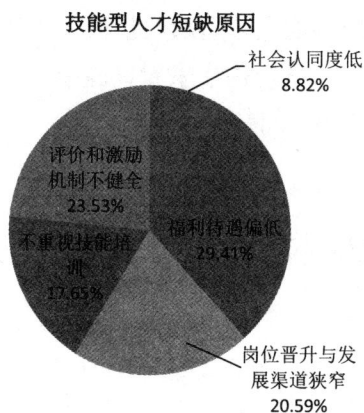

图 4-4 技能型人才短缺原因占比

数据来源：《制造业企业技能人才基本状况调查（企业卷）》

技能型人才短缺原因是多方面的，具体包括技能型人才福利待遇偏低、评价和激励机制不健全、岗位晋升与发展渠道狭窄、企业不重视技能培训以及社会认同度低等。根据调研，技能型人才短缺的原因中，福利待遇偏低占比最高，为 29.41%；其次是评价和激励机制不健全，占比为 23.53%；再次是岗位晋升与发展渠道狭窄，占比为 20.59%；不重视技能培训次之，占比为 17.65%；社会认同度低占比最低，为 8.82%。

通过调研数据分析，发现企业的技能型人才存在不同程度的短缺现象，其中缺口很大的占比为 17.14%，缺一些的占比 28.57%，基本不缺占比为 22.86%，有些过剩占比为 20.00%，极其丰富的占比为 11.43%。制造业企业对普工需求量明显减少，并且紧缺人才已由"普通技工"转向"高级技工"等高级技能人才，熟练技术工人十分缺乏。缺工企业中有 82% 的企业缺乏的是高级技能人才，尤其是月工资为 6 000～8 000 元的高级技工最为紧缺，但由于高级技工培养耗时较长、成本较高、高技能人才流动性大等原因，企业缺乏长期培养高级技能人才的激励，企业往往转而依靠外部招聘的方式满足对高级技能人才的需求。但受地域和专业化水平等因素制约，当地招聘会、就业网、人才网、论坛等本地知名度高的招聘网站，在招聘高级技能人才方面所发挥的作用有限，企业多通过到发达地区参加招聘会或者购买专业人才招聘网站的服务等渠道招聘高级技能人才，甚至依靠专业猎头公司招人，这些将显著提高招聘成本和用人成本。此外，技能型人才短缺从数量来看主要以初级技能人才短缺数量最大；从结构来看，尤其缺乏中高级技能人才；从初级技能人才学历构成来看，高中以上学历职工占比为 59.39%，因而培养中高级技能人才潜力空间较大。

第三节　技能型人力资本投资与制造业转型升级技能型人才匹配

一、变量及其说明

（一）被解释变量

匹配度是指技能型人力资本投资与制造业转型升级技能型人才需求匹配程度。本研究将从数量和质量两个方面进行分析。本书采用"企业的技能型人才是否短缺"作为技能型人力资本投资与制造业转型升级技能型人才需求匹配度在数量方面的代理变量；采用"技能型人才在企业的价值创造中所起作用"作为技能型人力资本投资与制造业转型升级技能型人才需求匹配度在质量方面的代理变量，具体为"基本没作用、作用较小、作用一般、作用较大、作用非常大"五个等级。

（二）关键解释变量

企业技能型人力资本投资包括企业是否有相应的技能型人才培训计划、企业是否有针对技能型人才的培训基地、企业培训技能型人才的平均投入成本三个代理变量。根据调研，仅有 55.33% 的企业开展过员工技能培训，年培训总计 83 883 人次，占员工总人数的 62.33%，年均培训总成本约 1 788.7 万元，每人次年均培训成本仅为 214 元。

技能型人才结构是指中级以上技能型人才所占的比例。

（三）控制变量

控制变量包括企业吸引技能型人才的措施和企业劳动力成本、企业对技能型人才重视程度、企业对我国实现"中国制造2025"的发展目标有无信心、企业对党和国家有关技能型人才政策的了解情况、企业年龄、企业注册登记类型、企业在所属行业中的定位、企业类型、企业工业总产值和企业固定资产投资额。

详见表4-1。

表4-1 数据描述性统计及变量解释

变 量		变量代码	均 值	标准差	测 量	变量说明
被解释变量：Match						
匹配程度	技能人才短缺程度	Scarcity	2.552	1.800	企业的技能人才是否短缺	1=缺口很大；2=缺一些；3=基本不缺；4=有些过剩；5=极其丰富
	技能人才价值创造作用	Quality	2.069	2.254	技能人才在企业的价值创造中所起作用	1=没作用；2=较小；3=一般；4=较大；5=非常大
关键解释变量：Invest						
技能培训	培训计划	Plan	0.649	0.477	是否有相应的技能人才培训计划	1=是；0=否
	培训基地	Base	0.121	0.326	是否有针对技能人才与职业技术院校合作的培训基地	1=是；0=否
	培训投入成本	Cost	214	42.1	技能人才培训的平均投入成本	元/人·年，取整数
技能型人才结构	中级以上技能型人才比例	Structure	0.422	0.233	中级以上技能型人才所占的比例	%
控制变量						
基本情况	工业总产值	Output	3 000.24	1 127.38	上一年工业总产值	万元，取整数
	固定资产投资额	Assets	1 725.839	1 187.27	上一年固定资产投资	万元，取整数
	企业年龄	Age	9.834	3.498	成立年份	2016-成立年份
	企业注册登记类型	Registered	3.065	1.746	企业注册登记类型	1=国有及国有控股企业；2=集体企业；3=股份合作企业；4=联营企业；5=有限责任公司；6=股份有限公司；7=私营企业；8=港、澳、台商投资企业；9=外商投资企业
	所属行业	Industry	0.716	0.425	企业在所属行业中的定位为	1=高端制造业企业；0=低端制造业企业
	高新技术	Hightech	0.342	0.238	是否认定为高新技术企业	1=是；0=否

续　表

变　　量		变量代码	均　值	标准差	测　　量	变量说明
创新	专利数量	*Patent*	2.128	1.172	近三年来企业获得的专利件数	件，取整数
制度	企业技能人才主要鉴定渠道	*Measure*	4.755	8.735	企业吸引技能人才采取的有力措施	1= 政府人事部门；2= 社会团体；3= 企业；4= 其他
企业劳动力成本	是否提供养老保障	*Pension*	1.083	0.275		1= 是；0= 否
	是否提供医疗保障	*Health*	0.632	0.669		1= 是；0= 否
观念信心	领导对技能人才重视	*Attention*	0.832	0.769	对技能人才是否重视	1= 是；0= 否
	中国制造信心	*Confidence*	3.375	2.139	企业对实现"中国制造 2025"发展目标有信心	1= 完全没信心；2= 不太有信心；3= 说不清；4= 比较有信心；5= 很有信心
	政策了解程度	*Policy*	0.778	0.627	企业是否了解党和国家对技能人才的政策	1= 不了解；2= 了解一些；3= 很了解

数据来源：《制造业企业技能人才基本状况调查（企业卷）》。

二、计量模型

本研究以技能型人力资本投资为核心解释变量，采用的方法是 mlogit，具体表示为下式。

$$Match = \beta_1 plan + \beta_2 Base + \beta_3 cost + \beta_4 structure + \lambda Z + \mu$$

其中，*Match* 为技能型人才投资与制造业转型升级匹配程度，具体包括 *Scarcity* 和 *Quality* 两个代理变量，*Plan* 表示培训计划，*Base* 培训基地建设，*Cost* 为培训投入成本，*Structure* 为技能型人才结构，*Z* 是控制变量，*μ* 是服从正态分布的误差项。

三、实证结果

在模型估计前需开展相关性检验，结果如表 4-2 所示，VIF 值范围为 1 ～ 2，小于 5 的临界值，自变量间的相关性并不明显，同时容忍度显示没有出现严重共线性问题，因此可以采用有序概率模型估计。

表4-2　自变量方差膨胀因子和容忍度计算结果

自变量	方差膨胀因子（VIF）	容忍度（1/VIF）	自变量	方差膨胀因子（VIF）	容忍度（1/VIF）
Registered	1.51	0.661	*Health*	1.10	0.909
Industry	1.39	0.72	*Attention*	1.09	0.915
Hightech	1.38	0.723	*Confidence*	1.09	0.915
Patent	1.35	0.738	*Output*	1.07	0.933
Measure	1.29	0.775	*Plan*	1.06	0.943
Pension	1.22	0.817	*Base*	1.05	0.949
Assets	1.16	0.865	*Cost*	1.04	0.962
Age	1.13	0.883	*Structure*	1.04	0.962
Policy	1.11	0.898	*Mean*	VIF	1.17

技能型人力资本投资对技能人才短缺程度的 mlogit 模型回归结果如表4-3所示。模型1展示了控制变量对技能型人才短缺程度（*Scarcity*）的影响。可以发现，这些控制变量能够解释技能型人才短缺程度4.5%的原因（调整后的 R^2=0.045），其中，工业总产值（*Output*）、企业注册登记类型（*Registered*）、高新技术（*Hightech*）、专利（*Patent*）以及是否提供养老保障（*Pension*）会显著影响技能型人才的短缺程度。即企业产值越高，越能降低技能型人才的短缺程度，原因是企业能够有更多的资金招聘人才和聘用高技能人才。企业注册登记类型（*Registered*）负向影响技能型人才短缺程度，即随着企业的所有权从国有、集体到民营变化过程中，技能型人才的短缺程度是递减的，也就是国有企业相比其他类型企业而言，技能型人才更加短缺。高新技术（*Hightech*）企业显著提升技能型人才的短缺程度，即企业如果是高新技术企业，将增加技能型人才的短缺程度，原因是高新技术企业对高级技能型人才的需求很大，但是人才供给不足。专利（*Patent*）数量显著提升技能型人才的短缺程度，即企业专利件数取得数越多，代表着企业的创新程度越高，对能够转化技术成果的技能型人才需求越大。企业是否提供养老保障（*Pension*）会显著增加技能型人才的短缺程度，尽管经济增速下滑，但是劳动力成本增速显著高于企业利润增速，一个重要的原因是社会保障缴费过高，尤其是当企业销售收入下降时，社会保险缴费过高、缴费标准增长过快的问题尤为明显。按照当前社保缴费政策，企业按照最低工资标准缴纳社保的成本约为700元/人/月，少数缴纳公积金的企业的成本则达到1 000元/人/月左右，企业负担较重，这将导致企业对技能型人才的投资产生挤出效应。企业固

定资产投资（*Assets*）、企业年龄（*Age*）、企业所属行业（*Industry*）、企业技能人才主要鉴定渠道（*Measure*）、企业是否提供医疗保障（*Health*）、企业对技能人才重视（*Attention*）、中国制造信心（*Confidence*）、政策了解程度（*Policy*）对技能型人才的短缺程度的影响不显著。不过，一些控制变量会随着被解释变量代理变量的不同而发生变化。比如，固定资产投资（*Assets*）在加入培训变量后对短缺程度的影响变为显著。

模型 2 在控制变量的基础上，加入了反映技能型人力资本投资培训方面的三个代理变量，发现技能培训能够解释技能型人才短缺程度的 12.8% 的原因（调整后的 R^2 由 0.045 变为 0.173）。培训计划（*Plan*）会降低技能型人才短缺程度，即一个企业如果制订了培训计划，能够为企业吸引到技能型人才，从而补充企业的劳动力，缩小技能型人才需求缺口。培训基地（*Base*）在 1% 的显著性水平下负向影响技能型人才短缺程度，即建立自己的培训基地，能够缩小技能型人才的稀缺程度。培训投入成本（*Cost*）在 1% 的显著性水平下负向影响技能型人才短缺程度，即培训成本越高，企业的技能型人才缺口越大，一方面说明了企业确实需要大量的技能型人才，另一方面也说明人才培训作为人力资本投资本身是一种费用支出，如果过高的话意味着占用企业别的开销，如企业会通过少招聘人来弥补这笔费用。

模型 3 在控制其他变量后，加入了反映技能型人力资本投资中人才结构的代理变量，解释了技能型人才的稀缺程度 0.5% 的原因（调整后的 R^2 由 0.045 变为 0.05），显示了中级以上技能型人才比例越高，企业技能型人才的稀缺程度越高，即企业对的技能型人才需求越大。一个重要的原因是，当前样本企业尽管需要高技能型人才，但是从数量来看短缺的还是以级技能型人才为主，中级以上技能型人才增加并不会降低企业对低技能型人才的需求数量，不过该变量影响不显著。

模型 4 将技能型人力资本投资的四个代理变量代入，对技能型人才的稀缺程度的解释力提高到 18.2%。可以发现，培训计划、培训基地和培训投入成本对技能型人才的稀缺程度的影响有所降低，而中级以上技能型人才比例的影响有所提高，但是对技能型人才的稀缺程度的影响仍然不显著。

模型 5 考察技能型人力资本投资对技能人才价值创造的影响。可以发现，培训计划、培训基地和培训投入成本对技能型人才的价值创造的影响显著为正，而中级以上技能型人才比例的影响显著为负。也就是说，企业制订培训计划，可以提高技能型人才在企业的价值创造中所起的作用；企业设有针对技能型人才的培训基地，可以提升技能型人才的知识水平和技术能力；培训投入成本越大，企业的技能型人才越能够获得更多的知识技能，从而进一步提高技能型人才在企业的价值创造。中级以上技能型人才比例不利于价值创造，原因可能是中级技能型人才尽管接受知识能力强，但是创造价值的边际效用不如低级技能人才大。

模型6在考察技能型人力资本投资对技能人才需求满足的影响。可以发现，培训计划、培训基地和培训投入成本对技能型人才的需求满足的影响显著为正，而中级以上技能型人才比例的影响为负但不显著。由此可见，企业制订培训计划、设立针对技能型人才的培训基地、加大培训投入成本可以提高企业对技能型人才的需求满足程度。中级以上技能型人才比例不利于技能型人才需求满足，原因可能是技能型人才层次越高，资源相对更稀缺。

表4-3　技能型人力资本投资对技能人才短缺程度的 mlogit 模型回归结果

模型与变量	模型 1 控制变量	模型 2 培　训	模型 3 技能型人才结构	模型 4 短缺程度 *Scarcity*	模型 5 价值创造 *Quality*	模型 6 需求满足 *Satisfaction*
Plan	—	-0.189*** （-2.93）	—	-0.186*** （-2.89）	0.761*** （2.81）	0.590*** （2.93）
Base	—	-0.060*** （-3.21）	—	-0.055*** （-2.90）	0.353*** （2.81）	0.260*** （3.19）
Cost	—	-0.044*** （-5.48）	—	-0.044*** （-5.47）	0.143*** （5.83）	0.394*** （5.41）
Structure	—	—	0.032 （1.45）	0.036 （1.64）	-0.137* （-1.70）	-0.072 （-1.46）
Output	0.119*** （4.92）	0.095** （2.48）	0.119*** （4.89）	0.093** （2.42）	0.110*** （2.83）	0.094** （2.42）
Assets	-0.011 （-1.54）	-0.065*** （-2.60）	-0.011 （-1.51）	-0.062** （-2.47）	-0.056** （-2.23）	-0.065*** （-2.61）
Age	0.015 （0.22）	0.180 （1.48）	0.023 （0.33）	0.182 （1.50）	0.188 （1.55）	0.179 （1.48）
Registered	-0.003* （-1.83）	-0.007** （-2.30）	-0.003* （-1.70）	-0.006** （-2.13）	-0.008** （-2.49）	-0.007** （-2.24）
Industry	0.035 （1.02）	0.023 （0.82）	0.035 （1.01）	0.023 （0.82）	0.023 （0.81）	0.023 （0.82）

模型与变量	模型1	模型2	模型3	模型4	模型5	模型6
	控制变量	培　训	技能型人才结构	短缺程度 Scarcity	价值创造 Quality	需求满足 Satisfaction
Hightech	0.026** （2.20）	0.026 （1.52）	0.026** （2.15）	0.026* （1.53）	0.030* （1.76）	0.026 （1.50）
Patent	0.066** （2.02）	0.103** （2.18）	0.068** （2.08）	0.105** （2.23）	0.102** （2.16）	0.103** （2.18）
Measure	0.012 （0.47）	0.007 （0.20）	0.013 （0.48）	0.008 （0.22）	0.011 （0.31）	0.007 （0.20）
Pension	0.008** （2.71）	0.011** （2.69）	0.006** （2.56）	0.013*** （2.86）	0.013*** （2.83）	0.011** （2.70）
Health	−0.024 （−0.80）	−0.026 （−0.65）	−0.031 （−1.01）	−0.034 （−0.84）	−0.037 （−0.90）	−0.027 （−0.65）
Attention	−0.018 （−0.86）	−0.022 （−0.76）	−0.018 （−0.83）	−0.020 （−0.70）	−0.014 （−0.49）	−0.022 （−0.77）
Confidence	-0.016 （-0.79）	-0.005 （-0.15）	-0.016 （-0.78）	-0.004 （-0.13）	0.001 （0.01）	0.005 （0.16）
Policy	-0.001 （-0.20）	-0.001 （-0.18）	-0.001 （-0.17）	-0.001 （-0.14）	-0.001 （-0.07）	-0.001 （-0.18）
Constant	0.771** （2.25）	0.443 （0.79）	0.807** （2.35）	0.464 （0.82）	0.655 （1.16）	0.414 （0.72）
N	747	649	647	549	549	549
调整后的 R^2	0.045	0.173	0.05	0.182	0.188	0.173

第四节　本章小结

　　本章通过对技能型人力资本投资与制造业转型升级技能型人才需求匹配的相关性研究，发现对于技能型人才的短缺程度而言，培训计划、培训基地、培训投入成本能够降低技能型人才短缺程度，中级以上技能型人才比例对企业技能型人才的短缺程度影响不显著；对于技能型人才的价值创造而言，培训计划、培训基地和培训投入成本对技能型人才的价值创造的影响显著为正，而中级以上技能型人才比例对技能型人才的价值创造的影响显著为负。另外，企业产值越高，越能降低技能型人才的短缺程度；随着企业的所有权从国有、集体到民营变化过程中，技能型人才的短缺程度是递减的；企业如果是高新技术企业，将增加技能型人才的短缺程度；企业取得专利件数越多，对能够转化技术成果的技能型人才需求越大，技能型人才短缺程度越高；而是否提供养老保障会显著增加技能型人才的短缺程度。

第五章　中国技能型人力资本投资分析

第一节　技能型人力资本投资性质分析

按照萨缪尔森对公共产品的定义"公共产品是具有消费的非排他性和非竞争性等特征的产品"[①]，技能型人力资本投资具有有限的非排他性和非竞争性的特征，因此应被划分为准公共产品，政府、企业、个人或者家庭都是技能型人力资本的投资主体，都应该承担技能型人力资本的投资成本并将投资维持在合理水平，各投资主体也要获得相应的投资收益。

一、技能型人力资本投资的有限非排他性

非排他性指技能型人力资本投资会产生正外部效应，无论是政府、企业、职业技术院校或者个人都可以从中受益。[②] 对技能型人力资本的投资所带来的正外部性涉及不同的利益相关者，他们从中获得不同的收益，这些收益主体之间有的存在矛盾，有的存在一致性，但是多方收益主体的存在难以避免"搭便车"行为，即一些利益相关者不需要承担或支付相应的技能型人力资本投资成本，但可以获得技能型人力资本投资的收益。[③] 事实上，除了进行技能型人力资本投资的企业本身不会出现"搭便车"问题外，其他企业、政府部门、职业技术院校、个人都可以成为潜在的"免费搭便车"主体。而对"搭便车"问题的解决实质上就是回答技能型人力资本投资成本究竟由谁承担的问题。理想情况下是"谁投资，谁就

[①] SAMUELSON P A. The pure theory of public expenditure[J]. The Review of Economics and Statistics, 1954, 36(4): 387-389.

[②] 加里·S·贝克尔. 人力资本 [M]. 陈耿宣，译. 北京：机械工业出版社，1987：25-95.

[③] 曼昆. 经济学原理：微观经济学分册 [M]. 梁小民，译. 北京：北京大学出版社，2012：201.

获得收益；谁获得收益，谁就投资"，但是现实实践中这一原则存在诸多问题。一是"谁投资，谁就获得收益"难以避免"搭便车"行为；二是评判"谁获得收益，谁就投资"时往往存在分歧，主要原因包括获得收益的对象不确定、获得收益的价值难以计量或者计量成本颇高、获得收益者数量难以统计、获得收益者为了逃避付费责任而隐藏信息等，归根结底是不存在一个能够将外部收益内在化的市场。在不存在一个能够将外部收益内在化的市场情况下，技能型人力资本投资成本分担问题将难以有效解决[①]，技能型人力资本投资也难以达到应有的水平，技能型人才供应也难以保证应有的数量和质量，这就需要在制度或机制上进行创新，通过理顺各利益相关者之间的关系以及合理构建针对不同投资主体的激励机制推动技能型人力资本投资。

二、技能型人力资本投资的有限非竞争性

技能型人力资本投资有限的非竞争性体现在特定的区域中，能够容纳接受培训的技能型人才数量是有限的，并且存在一定程度的竞争，会面临"拥挤效应"和"过度使用"的问题。对于某个企业或者职业技术院校而言，学生人数的多寡会影响教育培训资源的使用效率。当受训人数增加时，如果教育培训资源（如教室、设备、师资队伍、资金、管理资源等）没有相应增加，此时对于受训者而言，将面临拥挤效应问题；对于企业或者职业技术院校而言，同一个设备将会被过度使用，师资将承担过多的培训任务，导致培训的效果不佳。因此，有限的非竞争性需要各投资主体将技能型人力资本投资维持在合理水平，保证职业技术院校、相关企业或社会组织有能力开展职业技术教育或提供职业技能培训，保证教育培训过程中能够对教育培训对象提供充分的教育培训资源，保证职业技术教育和技能培训的质量。

---

① 王冰，杨虎涛.论正外部性内在化的途径与绩效[J].东南学术，2002（6）：158-165.

第二节　投资偏好视域下政府的技能型人力资本投资行为分析

公共品分为硬公共品和软公共品①，前者如高速公路等基础建设，正外部性较强，更容易吸引投资和提升地方政府政绩；后者如教育，外溢性较差，虽然长期对地方经济发展有好处，但是短期对地方经济增长的贡献相对较小。将普通教育和职业技术教育放到一起比较，可以发现职业技术教育由于在招生、就业、收入、经济效益等方面给政府带来的收益而有别于普通教育，为了简化，笔者将普通教育认为是硬公共品，将职业技术教育认为是软公共品。

公共品供给与中央、地方政府的供给成本相关，而供给成本与体制有关，集权体制和分权体制均会影响公共品的供给，Qian 和 Roland 发现集权体制下存在的软预算约束可能造成硬性和软性的公共品都供给不足②，因此，需要通过分权来解决这一问题。我国实行的是财政分权制，中央政府和地方政府在公共品的投资供给中扮演不同的角色。③ 从经济学角度而言，在进行教育投资时无论是中央政府还是地方政府均存在投资偏好，即对能够供给的教育规模和结构是有偏好的。如果政府偏好软公共品职业技术教育，将会有利于技能型人才的培养；如果政府偏好硬公共品普通教育，则有利于普通教育的发展。

一、政府的人力资本投资偏好分析框架

如果将政府看成是理性经济人，根据理性人投资收益最大化原则，政府对某种人力资本的投资是存在偏好的。当中央和地方政府的偏好不同时，将会对公共品的供给产生不同的影响，由此引发的公共品投入所产生的溢出效应也不同。如果中央政府与地方政府偏好普通教育，将不利于技能型人力资本投资和技能型人才的培养。

同时，政府的人力资本投资偏好还受到其他微观经济主体行为（如政治决策

---

① 丁菊红，邓可斌.政府偏好、公共品供给与转型中的财政分权 [J].经济研究，2008（7）：80-91.

② QIAN Y, ROLAND G. Federalism and the soft budget constraint[J]. Working Papers, 1998, 88(5): 1143-1162.

③ 张军，高远，傅勇，等 .中国为什么拥有了良好的基础设施 ?[J].经济研究，2007（3）：5-20.

冲突或者经济利益的竞争等）因素的影响。在普通教育和职业技术教育投资方面，政府的投资偏好受到来自微观主体（如用人企业和家庭）偏好的影响，即企业在工资水平一定的情况下倾向于普通教育毕业生或者是为了降低成本而选择职业技术院校的毕业生，而家庭也会从自身利益出发对接受教育的类型产生不同的偏好。因此，企业和家庭的偏好均会影响政府偏好。

此外，地方政府的教育供给受到中央政府偏好的影响，如果中央政府偏好增加某一地区的教育供给，则该地区自身的教育供给相应增加，反之则减少。因此，如果中央政府倾向于投资一个地方的普通教育，则该地区将选择增加普通教育的投资；如果中央政府选择投资一个地方的职业技术教育，则该地区将选择增加职业技术教育的投资。当前，普通教育在招生、就业方面花费的成本要低于职业技术教育，但所获得的经济社会收益高于职业技术教育，中央政府倾向于投资各地的普通教育。这使得地方政府投资普通教育的积极性提高，在财政支出一定的情况下，地方政府投资职业技术教育的积极性自然会随之下降。地方政府除了受到中央政府教育投资偏好的影响外，自身的偏好也会影响对不同类型教育的投资供给。经济发展和产业升级的变化将会引起地方政府对不同类型教育偏好的变化。当地方政府与中央政府的偏好产生不一致时，地方政府对不同类型教育的投资主要取决于不同类型教育的溢出效应的大小。如果普通教育的溢出效应和职业技术教育的溢出效应相等的话，普通教育和职业技术教育的最优供给是相等的，即地方政府供给无偏好。如果普通教育的溢出效应大于职业技术教育时，普通教育的最优供给要大于职业技术教育。同理，如果普通教育的溢出效应小于职业技术教育时，普通教育的最优供给也要小于职业技术教育。

二、政府投资技能型人力资本现状分析

我国建立了以各级技工院校、职业院校和职业培训中心为主体，以企业职工培训机构和民办职业培训机构为依托，政府投资与社会投资相结合的技能型人才培养体系，主要目标是为国家培养应用型、技能型人才。对技能型人才的培养投入情况可以部分说明政府对技能型人力资本的投资水平和政府的人力资本投资偏好，本文选取了技能型人才培养机构数量和培养人数、技能型人才培养师资力量和生师比以及经费投入等几个指标作为观测点，分析政府投资技能型人力资本的现状和政府人力资本投资偏好。

（一）技能型人才培养机构数量和培养人数双双降低

以技工院校为例，2000—2014 年技工院校数量呈现出下降趋势，由 2000 年的 3 792 所减少为 2014 年的 2 818 所，平均每年减少 70 所，在 2006—2009 年有一个小幅的上升，回到了 3 000 所，但是之后又开始降低。从技工学校的在校生数量来看，2000—2014 年学生数量由 2000 年的 140.1 万增加为 2014 年的 339 万人，平均每年增加 14.2 万人。但是从变化趋势来看，2000—2011 年，人数呈现增长趋势，2004 年突破 200 万人，2006 年突破 300 万人，2009 年突破 400 万人，2011 年后开始下降且下降速度较快，2000—2014 年平均增长率是 14.2%。从技工学校平均人数来看，2000—2012 年逐年递增，2011 年之后小幅下降，2006 年突破 1 000 人，最高值为 2011 年的 1 474 人，平均每年增加 60 人，2000—2014 年平均增长率是 9.47%。同期，本科生人数由 2000 年的 107 万逐年增加为 2014 年的 700 万，平均增长率 15.05%。比较技工学校在校人数与本科生在校人数，2002 年前，技工学校的学生人数大于本科院校，但是从 2003 年起，本科生在校生数量超过技工学校在校生数量，且两者的差距越来越大，到 2014 年，技工学校在校人数不足本科生在校生数量的一半。2000—2014 年中国技能型人才培养变化趋势如表 5-1 所示。

表 5-1　2000—2014 年中国技能型人才培养变化趋势

年　份	技工学校数 / 所	技工学校在校人数 / 万	技工学校在校人数增长率 /%	平均人数	平均人数增长率 /%	本科生在校人数 / 万	本科生增长率 /%	技工学校在校人数与本科生比值
2000	3 792	140.1		369		107		1.31
2001	3 470	134.7	-3.85%	388	5.07%	115	7.48%	1.17
2002	3 075	153	13.59%	498	28.18%	145	26.09%	1.06
2003	2 970	193.1	26.21%	650	30.67%	212	46.21%	0.91
2004	2 884	234.4	21.39%	813	25.01%	280	32.08%	0.84
2005	2 855	275.3	17.45%	964	18.64%	338	20.71%	0.81
2006	2 880	320.8	16.53%	1 114	15.52%	413	22.19%	0.78
2007	2 995	367.1	14.43%	1 226	10.04%	495	19.85%	0.74
2008	3 075	397.5	8.28%	1 293	5.46%	559	12.93%	0.71
2009	3 064	414.3	4.23%	1 352	4.60%	611	9.30%	0.68
2010	2 998	421	1.62%	1 404	3.85%	631	3.27%	0.67
2011	2 914	429.4	2.00%	1 474	4.94%	660	4.60%	0.65

续　表

年　份	技工学校数 / 所	技工学校在校人数 / 万	技工学校在校人数增长率 /%	平均人数	平均人数增长率 /%	本科生在校人数 / 万	本科生增长率 /%	技工学校在校人数与本科生比值
2012	2 892	422.8	-1.54%	1 462	-0.79%	680	3.03%	0.62
2013	2 882	386.6	-8.56%	1 341	-8.24%	699	2.79%	0.55
2014	2 818	339	-12.31%	1 203	-10.32%	700	0.14%	0.48
平均	3 038	309	7.11%	1 037	9.47%	443	15.05%	0.80

数据来源：《中国人口和就业统计年鉴》。

（二）技能型人才培养师资力量较为薄弱，生师比增大

从师资结构变化来看，文化技术理论课教师人数总体呈增长趋势，由 2000 年的 10.5 万人增长到 2014 年的 13.2 万人；生产实习指导教师人数呈现增长趋势，由 2000 年的 3.5 万人增长到 2014 年的 6.2 万人；兼职教师人数呈现增长趋势，由 2000 年的 2.7 万人增长到 2014 年的 4.2 万人。从三者占总体教师的比例来看，文化技术理论课教师数所占的比例最大，在 2013 年后将近一半；其次是生产实习指导教师的比例，平均为 20%；兼职教师比例最低，平均为 15%。2000—2014 年技能型人才培养在职教职工人数经历了先降低后提高的 U 形变化趋势，但是增长幅度不大，年平均增长率为 0.83%，最高的增长率为 2007 年的 11.63%。从生师比来看，2000—2011 年生师比基本呈现增加趋势，2011 年之后开始下降，但生师比仍然较高。2000—2014 年中国技能型人才培养师资状况如表 5-2 所示。

表 5-2　2000—2014 年中国技能型人才培养师资状况

年　份	生师比	在职教职工人数 / 万	在职教职工人数增长率	文化技术理论课教师数 / 万	生产实习指导教师数 / 万	兼职教师数 / 万	文化技术理论课教师比例 /%	生产实习指导教师比例 /%	兼职教师比例 /%
2000	5.84	24		10.5	3.5	2.7	44%	15%	11%
2001	6.12	22	-8.33%	10	3.4	2.6	45%	15%	12%
2002	7.54	20.3	-7.73%	9.5	3.2	2.6	47%	16%	13%
2003	9.56	20.2	-0.49%	9.6	3.4	3	48%	17%	15%
2004	11.49	20.4	0.99%	9.6	3.8	2.9	47%	19%	14%
2005	13.50	20.4	0.00%	9.7	3.8	3.2	48%	19%	16%
2006	14.92	21.5	5.39%	10.4	4.2	3.6	48%	20%	17%
2007	15.30	24	11.63%	11.2	5	3.8	47%	21%	16%

年　份	生师比	在职教职工人数/万	在职教职工人数增长率	文化技术理论课教师数/万	生产实习指导教师数/万	兼职教师数/万	文化技术理论课教师比例/%	生产实习指导教师比例/%	兼职教师比例/%
2008	16.09	24.7	2.92%	12.2	5.4	4.1	49%	22%	17%
2009	16.06	25.8	4.45%	12.5	6	4.3	48%	23%	17%
2010	15.89	26.5	2.71%	12.7	6.3	4.4	48%	24%	17%
2011	16.20	26.5	0.00%	12.9	6.3	4.3	49%	24%	16%
2012	15.84	26.7	0.75%	13	6.6	4.3	49%	25%	16%
2013	14.37	26.9	0.75%	13.4	6.5	4.1	50%	24%	15%
2014	12.79	26.5	-1.49%	13.2	6.2	4.2	50%	23%	16%
平均值	12.77	23.8	0.83%	11.4	4.9	3.6	48%	20%	15%

数据来源：《中国人口和就业统计年鉴》。

（三）生均经费增加，政府投资以事业经费投入为主

从经费总额来看，2000—2014年，经费由56.9亿元增加到303.5亿元，平均增长率为13.37%，部分年份增长率在38%以上（2004年和2007年）。生均经费同样呈逐年增长趋势，由2000年的4 061元增加为2014年的8 953元。从经费来源来看，事业经费是技能型人才培养的主要来源，且呈现逐年增长趋势，平均占比为35.29%。公司经费2004年最高，为5.2亿元，其他年份均比较低，占总经费比例较低，平均为3.96%。从经费支出来看，2000—2006年，经费由59.4亿元增加到148.7亿元，增长较快。通过计算收支比可以看出，大多数年份技能型人才培养的收支比平衡，2000年和2006年支出略微大于收入。通过对上述数据的分析可以发现，2000—2014年，技能型人才培养生均经费标准虽然逐年增加，但是经费标准不高，经费增加幅度及增加额度相对普通教育尤其是普通高等教育而言差距较大，技能型人才培养的经费来源相对单一，主要依靠事业经费投入，难以保证技能型人力资本投资需求。2000—2014年中国技能型人才培养经费状况如表5-3所示。

表5-3　2000—2014年中国技能型人才培养经费状况

年　份	经费来源合计/亿元	增长率/%	生均经费/元	事业经费/亿元	公司经费/亿元	经费支出合计/亿元	事业经费比例/%	公司经费比例/%	收支比
2000	56.9		4 061	21.9	3.2	59.4	38.49%	5.62%	0.96

续　表

年　份	经费来源合计 /亿元	增长率 /%	生均经费 /元	事业经费 /亿元	公司经费 /亿元	经费支出合计 /亿元	事业经费比例 /%	公司经比例 /%	收支比
2001	68.1	19.68%	5 056	23.6	3.2	64.6	34.65%	4.70%	1.05
2002	67.4	−1.03%	4 405	28.2	2.8	67.1	41.84%	4.15%	1.00
2003	81.4	20.77%	4 215	30.5	2.8	80.5	37.47%	3.44%	1.01
2004	112.5	38.21%	4 799	37.4	5.2	102.8	33.24%	4.62%	1.09
2005	123.4	9.69%	4 482	37.8	3.8	124	30.63%	3.08%	1.00
2006	143.1	15.96%	4 461	43.9	3	148.7	30.68%	2.10%	0.96
2007	198.2	38.50%	5 399						
2008	204.4	3.13%	5 142						
2009	237.3	16.10%	5 728						
2010	260.4	9.73%	6 185						
2011	271.5	4.26%	6 323						
2012	306.1	12.74%	7 240						
2013	289.7	−5.36%	7 494						
2014	303.5	4.76%	8 953						
平均值	181.6	13.37%	5 596	31.9	3.4	92.4	35.29%	3.96%	1.01

数据来源：《中国人口和就业统计年鉴》。

通过分析体现中央政府和地方政府教育投入偏好的相关指标便可以获得职业技术教育和普通教育投资供给的差别。在对技能型人才培养机构数量和培养人数、技能型人才培养师资力量和生师比以及经费投入等几个指标对比分析的基础上可以发现，2000—2014 年间，政府对技能型人才培养投入不足，政府没有体现出对技能型人力资本的投资偏好，这一定程度上导致了技能型人力资本投资积累水平不高和技能型人才的短缺。

三、影响政府技能型人力资本投资的其他相关问题分析

衡量教育供给的指标通常包括量和质两方面，前者主要体现于政府的各项投资支出，而后者除了受到企业、家庭等的偏好影响外，还受到政府在技能型人力资本投资中的角色和功能定位、政府的政绩考核导向以及针对技能型人力资本投资的有关制度安排的影响。

（一）角色和功能定位影响政府对技能型人力资本的投资质量

对于一国而言，为了保持一般性人力资本和特定人力资本生产之间的平衡需要发展职业教育，从而促进一国经济的健康增长。对于培养技能型人才主要机构的职业技术院校而言，政府从多方面影响职业技术教育的发展，并且在职业技术教育发展中扮演着不同的角色。归纳起来，主要分为五大角色：一是职业教育资源整合的引导者。政府通过一系列制度安排（政策、法规、文件），有针对性地促使各种资源流向职业技术教育，这些资源也会被重新组合发挥汇聚效应。二是职业技术教育的管理者。虽然政府、行业协会或其他社会组织均会承担管理各类职业技术教育机构的某些职能，但最终管理责任还是归口到政府相关部门。政府实施统一管理节约了交易成本，但下设不同管理部门也会带来多头管理、空头管理等问题，如政府劳动人事部门、教育部门、编制部门从不同侧面对职业技术教育机构进行管理，带来一定程度的管理混乱和低效率，要解决这一问题需要系统整合各种管理资源，理顺各部门管理职责，提高管理效率。三是职业技术教育经费的主要投入者。我国职业技术教育经费来源相对比较单一，对来自政府的财政性投入依赖较大。四是职业技术教育公共平台的搭建者。作为主要管理者，政府利用自身优势为教育机构、受教育者、劳动力市场搭建桥梁，促进资源要素的衔接和重组。五是职业技术教育发展的规划者。政府通过制定职业技术教育发展战略和规划从而把握职业技术教育发展方向。

总之，政府通过这五大角色功能的发挥影响着职业技术教育的发展水平和技能型人力资本的投资质量。

（二）政绩考核导向影响政府对技能型人力资本的投资动力

地方政府对于区域内资源的配置、使用以及管理起主导作用。地方政府可以通过各项财政支出来支持教育发展，但由于职业技术教育的准公共品属性，当地政府难以限制受教育者的流动和对就业区域的选择[①]，这样将降低地方政府对技能型人力资本投资的意愿。地方政府在提供教育资源时除了考虑自身经济发展，还会考虑其他地区的经济发展，之后在制定相应的教育发展战略时会综合考量。地方政府往往以 GDP 为考量政绩的主要指标之一，政府官员升迁受政绩考核排名的影响[②]，这使得地方政府在考虑教育供给时可能更多地考虑不同的教育类型带

---

① JORGENSON D W, FRAUMENI B M. Investment in education and us economic growth[J]. Scandinavian Journal of Economics, 1992, (94): 51−70.

② 周黎安.中国地方官员的晋升锦标赛模式研究[J].经济研究，2007（7）：36−50.

来的政绩效益。例如，普通教育相对于职业技术教育拥有更好的生源，可以促进当地的消费，而较高的办学层次以及就业率和就业层次也会提升地方政府的形象。另外，地方经济发展主要依靠产业发展，企业是产业发展的基础，企业对人才需求的变化会引起教育投资结构的变化，如果普通高等教育毕业生较高的工资占当地企业成本比例过大时，当地企业对工资水平相对较低的职业技术教育毕业生的需求将加大，这时当地政府将加大职业技术教育的投资，从而有利于职业技术教育的发展。因此，对政府政绩考核的导向影响政府对技能型人力资本的投资动力，如果政绩考核倾向于当地经济发展的话，企业人才需求导致政府倾向于投资职业技术教育，即有利于对技能型人力资本的投资；如果政绩考核倾向于就业率和政府形象的话，政府将倾向于投资普通教育，则不利于技能型人力资本的投资。

（三）制度安排影响政府对技能型人力资本的投资效率

首先，在制度建设方面，近年来我国职业技术教育法律和法规建设取得了一定成果，有了较大进步，出台了《职业教育法》等一系列法律法规，建立了职业技术教育制度体系，这些法律法规的出台和制度体系的建立有利于技能型人力资本投资向法制化、规范化、科学化转变。我国技能型人才制度建设情况如表5-4所示。

表5-4　技能型人才制度建设

时　间	事　件	部　门	内　容
1994年	职业资格证书制度	全国人大	对职业分类、职业技能标准制定、职业资格证书制度、国家职业技能资格体系和人才多元评价机制作出了规定
1995年	"中华技能大奖"和"全国技术能手"评选表彰制度	原劳动部	形成以企业岗位练兵为基础、以国内竞赛为主体、以世界技能大赛为龙头、国内竞赛与国际竞赛相衔接的技能竞赛体系。对国内竞赛优胜者给予授予荣誉称号和晋升职业资格的激励；对国际大赛中的获奖者给予物质奖励
1996年5月	《职业教育法》	全国人大	因地制宜，实施以初中后为重点的不同阶段的教育分流，建立、健全职业学校教育与职业培训体系并举，并与其他教育相互沟通、协调发展的职业教育体系
2000年	《中华技能大奖和全国技术能手评选表彰管理办法》	原劳动保障部	

时　间	事　件	部　门	内　容
2005 年	《国务院关于大力发展职业教育的决定》	国务院	完善经费稳定投入机制、健全社会力量投入政策；增加公共财政对职业教育的投入，制定职业院校生均经费标准；落实城市教育费附加用于职业教育政策
2008 年	高技能人才纳入享受国务院颁发的政府特殊津贴人员范围		
2010 年	关于充分发挥行业指导作用推进职业教育改革发展的意见	教育部	完善"双证书"制度，实现学历证书与职业资格证书的对接，鼓励行业企业全面参与教育教学各个环节
2010 年	《国家中长期教育改革和发展规划纲要（2010—2020 年）》		对各级政府提供公共教育服务职责予以明确，完善包括职业教育在内的各级教育经费投入机制
2011 年7 月	《高技能人才队伍建设中长期规划（2010—2020 年）》	中　组部、人力资源社会保障部	以实施国家高技能人才振兴计划为龙头，加大高技能人才培训力度。启动实施技师培训项目、高技能人才培训基地建设项目、技能大师工作室建设项目
2013 年4 月	《关于积极推进高等职业教育考试招生制度改革的指导意见》	教育部	扩大本科学校面向高职、中职学校招生比例
2014 年5 月	《关于加快发展现代职业教育的决定》	国务院	加快构建现代职业教育体系，提升发展保障水平，提高人才培养质量；鼓励、引导社会兴办职业教育；建立高等职业技术院校生均拨款制度，引导高等职业技术院校深化办学机制、教育教学改革；支持中等职业学校改善基本办学条件，开发优质教学资源；推动发达地区和欠发达地区中等职业教育合作办学
2014 年6 月	《现代职业教育体系建设规划（2014—2020 年）》	国务院	构建现代职业教育体系两步走战略
2014 年8 月	《关于开展现代学徒制试点工作的意见》	教育部	现代学徒制改革试点进入实质推进阶段，形成学校和企业联合招生、联合培养、一体化育人的机制；推动试点院校与合作企业共同研制招生与招工方案，扩大招生范围，改革考核方式、内容和录取办法等。通过财政资助、政府购买等措施鼓励开展现代学徒制试点。推进"双证融通"

资料来源：政府各部委网站。

总体而言，我国职业技术教育在法律法规建设方面取得了较大进步，但仍然存在诸多问题并对职业技术教育的发展形成制约。例如，对企业参与教育培训的责权利在立法中未予以明确表述，企业义务、资金来源、政府管理职能以及专门机构等也没有明确规定。1996年颁布的《职业教育法》中仅有5条内容涉及企业，对企业的责任与义务的规定缺乏明确性和强制性，未制定企业参与职业技术教育和技能培训等可以得到的政府补助或税收减免等优惠政策的配套法规，不利于提高企业投资技能型人力资本的积极性。此外，我国法制体系不够严密，地方政府在贯彻执行中央政府方针政策的过程中往往存在打折扣现象，政策的落地效果往往达不到政策预期，这些都在一定程度上影响和制约着技能型人力资本的投资与积累。

其次，与国民教育体系中其他教育类别相比，我国职业技术教育尚处于起步阶段，发展层次不高，发展方向不明，尤其是政府在招生考试制度、职业技术教育管理体制、职业技术教育经费保障制度以及职业工资薪酬制度等方面的一些微观具体制度安排上有失偏颇，这都对职业技术教育的健康有序发展带来一定影响，具体分析如下所述。

从招生考试制度方面来看，自1998年高校扩招以来，学生和家长将接受普通教育作为优先选择，职业技术教育被视为"二等教育"，普通教育吸引力增强导致接受职业技术教育的生源数量和生源质量下降。从学生来源来看，我国大学及以上受教育程度人数在总人口中的比重不断增加，但是专科人数占高等教育比重不断下降，两者差距不断加大，并且职业技术教育的招生对象主要是考试失败人群或者家庭经济条件相对较差的学生。2004—2009年，高职/专科在高等教育体系中的比重维持在42%～43%，但2009年后不断降低，至2013年，仅占36.78%。2005—2013年全国不同类型招生人数及增长率如表5-5所示。

表5-5　2005—2013年全国不同类型招生人数及增长率

年　份	本科教育		中等职业教育		高职/专科	
	招生人数/万	增长率/%	招生人数/万	增长率/%	招生人数/万	增长率/%
2005	504	12.75%	656	15.8%	268	12.9%
2006	546	8.33%	748	14.1%	293	9.3%
2007	566	3.66%	810	8.3%	284	−3.1%
2008	599	5.83%	812	0.3%	311	9.4%
2009	629	5.01%	874	7.6%	313	0.9%
2010	657	4.45%	868	−0.6%	310	−0.9%

年　份	本科教育		中等职业教育		高职 / 专科	
	招生人数 / 万	增长率 /%	招生人数 / 万	增长率 /%	招生人数 / 万	增长率 /%
2011	675	2.74%	814	−6.3%	325	4.6%
2012	685	1.48%	754	−7.3%	315	−3.1%
2013	684	−0.15%	675	−10.5%	318	1.2%

资料来源：国家统计局网站，http://www.stats.gov.cn/。

从管理体制方面来看，职业技术教育与培训分别由教育部门、人力资源和社会保障部门等共同管理，往往存在多头管理、条块分割、职能交叉、政策不一、管理分散、管理缺位失位等问题，领导管理体制不顺，归口领导层次较低，甚至政府一些职能部门另起炉灶，过度干预职业教育发展。

从经费保障方面来看，政府投资技能型人力资本的主要途径是兴办各级各类职业技术教育，政府拨款和学生学费是职业技术教育与培训经费的主要来源，社会团体投入非常薄弱。从政府投资来看，受精英教育意识影响，职业技术教育未建立经费投入立法保障和多元化经费投入机制，长期以来我国政府教育投资的结构不均衡，教育支出明显偏向普通教育而非职业技术教育。近年来政府财政对职业技术教育与培训投入有所增加，但职业技术教育经费投入在教育总投入中的比重依然处于11%～13%的低水平，远低于国际惯例25%的占比标准[①]，仍是各类教育投入中的"短板"。

从工资薪酬制度方面来看，技能型人才与知识型人才在就业层次和工资薪酬待遇上存在明显差异。劳动力市场对毕业生的选择更加注重显性信息中的学校类型、出国留学经历、学历层次等，职业技术教育毕业生在这方面无法与"985""211"高校毕业生甚至一般本科院校毕业生相比，在劳动力市场供过于求的情况下，用人单位将更加倾向于聘请显性信息占优势的学生，这既不利于职业技术毕业生的就业及职业发展，也不利于职业技术教育的长远发展和技能型人力资本投资与积累的水平与质量。

---

① 李玲.中国教育投资对经济增长低贡献水平的成因分析[J].财经研究，2004（8）：40-51.

第三节 外部性视域下企业的技能型人力资本投资行为分析

舒尔茨认为，个体所具有的经济能力绝大多数不是与生俱来的，而是通过学校教育或者社会实践等后天努力获得。[①]通过教育或者社会实践等后天努力获得的能力对于收入、储蓄等往往起到决定性作用。[②]从技能型人力资本形成角度看，除了学校教育，技能型人力资本形成的另一重要途径也是必不可少的环节，即工作过程中的实践培养，包括干中学、在职培训等。企业是招收、培养、使用技能型劳动者的主体，也是技能型人力资本投资的一个重要主体。

一、企业投资技能型人力资本的成本支出

技能型人才的培养需要花费时间和资金。企业投资技能型人力资本主要包括以下成本：一是技能型人才培训期间的工资支出，主要包括定期的工资支付、不定期的工资支付、社会保险、福利、基本生活开支等，虽然在培训期间工人工资可能较低，但由于工人在培训期间不能从事生产或者不完全从事生产，企业还是需要支付相当一部分工资。二是培训人员或者师资费用支出，这类人员既包括来自企业内部的培训人员，也包括来自外部的培训老师（如职业技术院校的老师或者相关领域的专家，这些费用有的按全职人员支付，有的按兼职人员支付）。三是管理费用，主要用途是培训的相关管理支出。四是基础设施成本，如实习或者实际操作所需的机械、设备、场地等费用支出。五是培训用品成本，如培训教材、图书、计算机软件、工作设备耗材等费用支出。当然，这些成本的支出水平受到培训模式、培训内容、教师授课水平以及技能型人才的学习经历、知识技术掌握程度和理解能力等诸多因素的影响。但总体而言，这些成本对投资技能型人力资本的企业来讲是一笔不菲的支出。

二、企业投资技能型人力资本的外部性

企业在考虑是否进行技能型人力资本的投资时，首要考虑一个基本问题，即

---

① SCHULTZ T W. Capital formation by education[J]. Journal of Political Economy, 1960, 68, (6): 571-583.
② 石邦宏. 人力资本交易原理 [M]. 北京：社会科学文献出版社，2009：25.

对技能型人力资本的投资能否在未来获得预期收益，需要做到既使技能型人才能够通过培训获得更高的技能和知识，提高生产效率，又使技能型人才从培训中得到的技能和知识全部应用于本企业，获得培训的全部收益并避免人才流失。然而，企业投资技能型人力资本会不可避免地产生正外部效应，即包括政府、企业、职业技术院校和个人在内的各个主体都可以从这种投资中受益。对于政府而言，外部性收益主要体现在单个企业开展的技能型人力资本投资在加总后会产生巨大的溢出效应，给整个国家和社会带来的是技能型人才素质的普遍提高，而技能型人才素质的普遍提高又会在劳动力市场中通过竞争机制倒逼工程型人才、技术型人才、学术型人才等其他类型的人才提升自身素质和能力，这样将带来国家人力资源素质的大规模提升，不仅能推动人力资源开发建设，同时还能间接推动整个国家的技术变革，有助于提高整个社会的劳动生产率和就业率。对于职业技术院校而言，外部性收益体现在两方面，一方面对于师资队伍建设而言，通过教师与来自不同企业、不同行业、不同专业及不同岗位的培训人员之间的互动学习以及深入生产一线实践学习，有助于生产实践和理论经验的结合，有助于提升教师的实践能力和知识水平，促进职业教育理论与职业实践的结合，有利于师资队伍建设，有利于学校有针对性地改进课程建设和人才培养模式。另一方面，职业院校通过开展与企业间的合作，可以给职业技术院校带来一定的培训生源和资金支持，不仅有助于职业技术院校提高知名度和品牌效应，还有利于提升学生的职业技能和就业率，从而有助于形成学校与企业间的良好互动。同时，良好的生源也可以帮助学校更多地获得来自政府和社会的投资，进而改善职业技术院校的基础设施和办学条件。对于企业而言，企业自身投资技能型人力资本的外部性体现在积累人才培养的经验，提高人才素质，有助于企业树立良好声誉；对其他未进行技能型人力资本投资的企业而言，可以通过招聘从劳动力市场或已经开展培训的企业中获得相对成熟的技能型人才，从而在短时间内提升企业劳动生产率和市场竞争力[1]，获得更好的经济效益，这种外部性是最大的，同时也是企业投资技能型人力资本最为关心的。对于个体而言，通过企业开展的技能培训可以掌握专用性操作技能和相关知识，提升自身能力，提高自我效能，在培训过程中获得学习乐趣并更好地融入企业氛围中，有助于个人熟悉团队并建立良好的人际关系，在培训后可能受到企业的重用或获得职位提升，并由此带来更高的收入水平和更好

---

① 加里·贝克尔.人力资本[M].陈耿宣，译.北京：机械工业出版社，1987：25-95.

的职业发展空间，获得劳动力市场上的竞争优势。

在完全竞争的劳动力市场上，企业提供职业技能培训不仅给本企业和受训者本人带来收益，还给未投资职业技能培训的其他企业以及企业所在的行业、地区甚至整个国家带来好处，并且这种好处是无法得到回报或完全回报的。劳动力的流动使技能型人力资本投资的私人收益率低于社会收益率，从而使理性的个人和企业的人力资本投资决策无法达到帕累托最优。[①] 从雇佣关系稳定性来看，企业对技能型人才的流动约束力较小，企业无法预知自己投资培养的技能型人才是否离开以及何时离开，并且技能型人才也会在培训完成后提高薪酬期望和跳槽概率，企业和技能型人才之间劳动雇佣关系的稳定性将有可能降低，企业将面临无法收回培养成本的风险。[②] 如果将企业投资技能型人力资本和直接从劳动力市场上招聘所需技能型人才相比，企业直接从劳动力市场招聘技能型人才只需支付人员工资和搜寻成本，面临的不确定性和风险比较小，甚至有时会获得高技能型人才。如果招聘技能型人才的成本小于企业投资技能型人力资本的成本，这时企业将倾向于"搭便车"行为，选择从劳动力市场招聘人才而不是投资培养人才，企业投资将偏好实物资本而非人力资本。这也在事实上造成了一些原本有意投资技能型人力资本的企业由于难以收回较高的投资成本而缺少投资意愿，转而选择通过其他手段获得所需人才。因此，如果技能型人力资本投资费用分担问题不能有效解决，投资技能型人力资本外部性的存在将导致企业投资动力不足，企业对技能型人力资本的投资水平低下。近年来针对技能型人才培养开展的校企合作、工学结合以及建立现代学徒制进展缓慢，培养效果不理想，企业参与热情和投资积极性不高，企业更倾向于从劳动力市场招聘而不是投资培养所需技能型人才等诸多问题的发生，其中一个重要原因就在于未能解决技能型人力资本投资成本分担问题，未能很好地实现投资技能型人力资本外部性的内在化。

三、企业投资不同种类技能型人力资本的外部性及其内在化分析

企业对技能型人力资本的投资可以分为两种，一是投资"一般项目"的培训，二是投资"特殊项目"的培训。企业投资"一般项目"的培训形成的技能存在较

---

① 陈和. 从产权特性认识人力资本外部性的内在化 [J]. 大连海事大学学报（社会科学版），2007（1）：75-77.

② ACEMOGLU D. Why do new technologies complement skills? Direct technical change and wage inequality[J]. Quarterly Journal of Economics, 113, (4): 1055-1089.

大的共用性，投资具有普遍受益性，投资后形成的人力资本对于本企业和其他企业都适用，且提高效率的程度在开展培训的企业和没有开展培训的企业是等同的，即这种培训一方面提升了本企业技能型人才的素质和未来边际生产率，另一方面，随着技能型人才培训后的流动也会提升其他企业的边际收益。对于"一般项目"的培训，由于在完全竞争劳动力市场中的人才流动性较高，技能型人才与企业之间的雇佣稳定性较低，企业面临的投资风险和收益的不确定性将提高，因此企业投资"一般项目"的培训时尤为注重技能型人才队伍的稳定性，企业与技能型人才双方之间就开展培训的讨价还价也较为频繁。而且，在投资"一般项目"的培训时，企业可能存在一个提前甄别过程，这个过程主要通过"一般项目"培训后的人才流动趋向进行识别，其具体做法是将"一般项目"培训的课程分为多次来实施，通过前期的课程培训对不稳定的、不努力的技能型人才加以识别，最终留下来努力程度和稳定性高的人才。这在一定程度上导致企业对技能型人才的培训力度往往低于对管理型人才等其他类型人才的培训力度，从而挫伤技能型人才的工作积极性和参加培训的动力，降低技能型人才的职业技能水平和职业发展潜力。而技能型人才的职业技能低下又会降低他们的收入水平和工作满意度，降低他们与企业建立长期的劳动关系的意愿[1]，形成一个不良循环。同时，对于技能型人才而言，虽然通过"一般项目"的培训会获得技能和知识而有所收益，但由于在培训过程中的努力程度和工作稳定程度受到企业开展"一般项目"培训的约束措施和相关激励措施制约，在企业奖惩机制和甄别机制的约束下同样面临不确定性。可见，投资"一般项目"的培训无论对于企业还是对于技能型人才而言都面临较高的不确定性。

对于企业投资"特殊项目"的培训，由于通过这种培训形成的人力资本专用性较强，一般只对本企业效益具有提升作用，对其他企业效益提升作用较小，属于专用性人力资本投资，但是同样面临着投资的囚徒困境。[2]由于企业投资"特殊项目"的培训专用性较强，企业付出的投资成本可以通过未来收益来弥补，并且这种投资对其他企业辐射效应不大，在这种情形下，企业一般可以独享技能型人力资本投资带来的收益。对于技能型人才而言，虽然接受培训时

---

[1]　曾湘泉，张成刚.经济新常态下的人力资源新常态——2014年人力资源领域大事回顾与展望[J].中国人力资源开发，2015（3）：6-13.

[2]　李晓霞.高技能人才短缺：一个专用性人力资本的分析框架[J].华北电力大学学报（社会科学版），2011（4）：41-44.

需要付出一定的直接与间接成本，一般以扣减薪酬、减少假期等作为代价，但培训项目结束后有望获得更高收益，并且留在本企业比跳槽去其他企业可能有更好的发展前景，技能型人才的稳定性相对较高。因此，企业对于"特殊项目"的培训投资积极性较高。但是，由于企业与技能型人才双方在劳动关系及工资待遇方面的谈判能力往往不对称，加之人力资本的专用性强，技能型人才通过培训获得的技能只能用在本企业，其期望通过培训获得技能和实现个人发展的可能性往往大打折扣，这会在一定程度上降低技能型人才参与"特殊项目培"训的意愿。

可见，技能型人力资本投资中不同培训项目的外部性水平不同，在面对不同培训项目时企业和技能型人才将分别选择不同的决策行为。在缺乏外部激励机制和约束机制的情况下，对于"一般项目"培训，企业倾向于不进行技能型人才投资，因为即便制定一定的惩罚措施也不一定会提高技能型人才队伍的稳定性，难以实现企业投资与收益的平衡。因此，针对"一般项目"的培训，相关部门需要制定相应的政策措施或者通过受益第三方的补偿等方式实现企业人力资本投资正外部性的内在化。例如，政府可以对投资"一般项目"培训的企业提供支持，通过提供专项补助或长期贷款等给予投资"一般项目"培训的企业必要的扶持，对开展培训的企业在师资队伍建设、培训课程教材建设以及培训设施设备等方面给予相应支持，积极探索现有体制环境下企业投资职业技能培训的经费分担机制等。政府、企业、职业院校以及个人要共同承担"一般项目"培训的投资成本，综合运用政策优惠和税收减免等手段调动企业投资职业技能培训的积极性，避免企业过度承担培训成本，切实维护企业利益。[①] 同时，要加强制度建设，明确个人和企业双方责任、权利和义务，合理引导劳资双方建立稳固的雇佣关系，尊重契约精神，发挥政府及社会组织公信力，加强对企业开展技能培训的监控，有效约束规范企业的培训行为，保证培训质量，保障各方利益。[②] 此外，还要加强舆论引导和社会氛围的营造，引导企业把投资技能型人力资本、开展职业技能培训作为履行社会责任的重要体现，引导企业重视社会价值的实现，并通过企业社会价值的实现帮助企业达到技能培训的收益最大化[③]，激励企业开展技能型人力资本投资并实现多方共赢。

---

① 张彦文．外部性视角下的德国现代学徒制研究［J］．现代管理科学，2017（4）：106-108.

② 同上。

③ 同上。

对于企业开展"特殊项目"的培训,人力资本的专用性将会在某种程度上锁定企业与技能型人才的雇佣关系。在信息不对称、契约不完全的背景下,技能型人才可能会通过自身人力资本的专用性来"要挟"企业,如要求企业增加工资、提升职位或者提高福利等。而企业也会用人力资本专用性"要挟"技能型人才,毕竟除了该企业之外,其他企业并不需要这类技能,在这种情况下,技能型人才离开企业可能会得不偿失,而且即使企业损失了培训成本,技能人才自身也付出了时间成本和收入成本。也就是说,相对于"一般项目"培训,"特殊项目"培训后技能型人才离开企业的损失对于双方而言都是巨大的,并且对别的企业而言,也不会有多大的收益,而锁定成本要低于"一般项目"培训,因此"特殊项目"培训有利于降低技能型人才培训后离职的概率,更有利于雇佣关系的稳定性和长久性。并且对于企业而言,也多了一种选择,既可以选择开展"一般项目"培训,又可以开展"特殊项目"培训,以此来减少技能型人力资本投资的外部性。因此,"特殊项目"培训的投资成本应该主要由企业来承担,国家对于"特殊项目"培训的政策扶持要低于"一般项目"培训。

四、影响企业投资技能型人力资本的其他问题分析

第一,技能传承的"传帮带"机制不完善。随着产业转型,技能型人才的知识和技能都需要不断更新,新手通过自身摸索或者"干中学"获得新知识和新技能的速度较慢,且在学习中具有盲目性甚至容易因此产生厌倦心理。企业通过师傅的"传帮带"可以有效降低新手学习的盲目性,使新手在学习过程中少走弯路,有助于他们在更短时间内掌握必要的知识和技能,个人学习曲线因此而获得转变。但"传帮带"机制面临一定的局限性,如师傅可能会将新手或学徒视为未来潜在的竞争对手,对技艺的传授有所保留,甚至有的师傅把新手或学徒当作廉价劳动力,让新手或学徒过多地承担一些技术技能含量低的工作,降低了技能学习养成效率,这些都导致技能和知识的传播受阻,往往使新人觉得"师傅不肯教",从而情绪低落,学习动力不足。同时,技能型人才自身的学习能力、学习动机和学习积极性也存在问题。由于职业声望、职业发展前景以及待遇薪酬等方面的原因,许多技能型人才在技能培训学习过程中往往没有充分认识到技能培训学习的重要性,学习动力不足,影响个人技能培训学习的效果。

第二,信息不对称影响企业投资技能型人力资本的动力。企业缺乏对技能型人才的足够信息,如企业不能掌握每一个技能型人才的学习和实践能力以及其他

影响这些能力发挥的外在因素，在培训过程中对技能型人才的努力程度也难以有效掌握，只能通过事后的工作实践才可以进行验证，同时企业也无法得知技能型人才是否会在培训之后离开企业，这些信息往往掌握在技能型人才个人手中，这种信息不对称增加了企业投资技能型人力资本时面临的未来收益的不确定性。信息不对称同样存在于招聘过程中，如果企业直接从劳动力市场招聘技能型人才，可能面临招聘到不合格技能型人才的风险，而且招聘会产生招募、选拔、录用和安置等成本，如果招聘失败，这些成本将难以回收。如果通过校企合作的形式招聘技能型人才，由职业技术院校负责筛选学生，而学校为了提高就业率可能隐藏对学生就业不利的信息，企业一旦招聘这种技能型人才将只能获得部分收益，加之企业支付了部分宣传、人员差旅费等费用，企业最终获得的收益将低于预期。

第三，培训周期影响企业投资技能型人力资本的积极性。技能型人才的培养需要支付时间成本，尤其高技能人才培养往往需要十余年的时间周期，并且技能培训的效果存在时滞，这将提升技能型人力资本投资面临的不确定性。通常，培训周期越长，企业支付的成本也越高，面临的风险也越大。

第四节　个人或家庭收益最大化的人力资本投资行为分析

个人或家庭投资技能型人力资本的主要途径包括接受职业技术教育、参加职业技能培训以及通过"干中学"获得职业技能等。鉴于教育选择对个人或家庭人力资本投资决策的重要性，本书将以接受职业技术教育为例分析个人或家庭的技能型人力资本投资行为。

个人或家庭是技能型人力资本的主要供给方和职业技术教育的投资主体之一。个人或家庭在投资人力资本时从理性和现实的角度出发需要考虑投资成本和收益，这构成了技能型人力资本投资的原动力。从个人或家庭人力资本投资决策来看，决定是否投资技能型人力资本的关键考量是这种投资能否实现个人或家庭收益的最大化。[①] 而收益又可以分为私人收益和社会收益，前者指受教育本人及家庭能够从人力资本投资尤其是职业技术教育中获得的货币和非货币收益，可用私人收益率来衡量[②]；后者指因教育的准公共品属性而产生的货币和非货币收益。

---

① 刘文，罗润东.人力资本投资风险理论研究新进展[J].经济学动态，2010（1）：91-96.
② 杨钋.高等职业教育收益研究的现状与问题[J].中国职业技术教育，2011（36）：5-16.

对于个人或者家庭而言，主要关注的是私人收益，即个人或家庭从人力资本投资中获得的货币和非货币收益。

一、家庭人力资本投资理论

在技能型人力资本投资的最初阶段，首要的问题是个体做出接受何种教育的选择，即究竟是接受普通教育还是职业技术教育。而影响决策的重要主体除了个人外，还有父母和其他重要家庭成员。贝克尔的孩子数量质量替代理论综合了成本—效用分析法和消费者行为理论，以家庭追求效用最大化为基本假设，分析家庭经济行为决策，并探讨影响家庭对子女数量和质量需求的因素。[①] 为实现家庭产出最大化，家庭成员间存在资源配置。子女效用的获得不仅受到子女数量的影响，还受到子女质量的影响，而提高子女质量的有效方式是教育，因此教育投资成为家庭消费支出的重要组成部分，追求教育投资效用最大化也成为家庭联合决策的重要决策依据。在中国家庭中，教育被赋予了特殊的重要地位，成为改变家庭经济状况、社会地位乃至阶层流动的最主要、最公平的手段之一，并且被认为是获取终身受益的可靠保证。家庭的教育投资成本包括子女学费和其他教育支出等构成的直接成本，接受教育的时间机会成本和因受教育而放弃的工资等构成的间接成本，以及学习过程中的辛苦、努力和家庭对子女教育的关心、焦虑等各种心理付出等构成的心理成本三部分。家庭教育投资的收益包括货币收益和非货币收益，如较高的收入水平、工作机会的增加、工作条件的改善、职业满意度的提高、自身素质的提升、社会认同度的提高以及社会阶层的提升等。[②]

家庭人力资本投资决策的主要依据是成本收益分析，国际上通常采用内部收益率的方法，即未来收益现值等于成本现值的方法，分析成本收益。其公式如下。

$$\sum_{t=1}^{n}\frac{B_t}{(1+r)^t}=\sum_{t=1}^{n}\frac{C_t}{(1+r)^t} \quad （5\text{-}1）$$

上式，等号左边为收益现值，等号右边为成本现值，r 为内部收益率，如果 r 大于投资收益率，则投资有利，反之则不利。[③] 由于劳动者个人收入受到经济环

---

① BECKER G. S, LEWIS H G. On the interaction between the quantity and quality of children[J].Journal of Political Economy, 1973,81(1-2):113.

② 许艳丽.技能型人才短缺的家庭经济学分析 [J]. 西北工业大学学报，2011（6）：39-43.

③ 同上。

境发展和劳动力市场波动等因素影响，个人或家庭很难对其终身收入作出精确预测。人类认知局限性、社会经济环境变化的不确定性和复杂性导致信息不完全和不对称，家庭或个人倾向于根据已有习惯认识与日常所见作出决策。由于受未来经济收入预期、当前教育成本承担能力、价值观及教育心理效用等因素的影响，加之个人或者家庭的异质性以及不同层次教育收益率的差异性，教育投资主体的决策行为是有差异的。

二、影响个人或家庭投资技能型人力资本的成本—收益分析

从成本因素来看，公共财政对职业技术教育的投入比例不高，导致职业技术学校对学杂费收入依赖性很强。近年来，国家对中等职业技术教育实行了免学费政策，一定程度上降低了接受中等职业技术教育的直接成本。但是高等职业教育的学费标准相较普通本科教育差别不大，并且高等职业教育的受教育年限一般为3年，普通本科教育的受教育年限一般为4年，从整个教育过程来看，二者的时间机会成本差别也不大。因此，从总体来看，接受职业技术教育尤其是高等职业教育的家庭投资成本相对较高。

从经济收益来看，根据麦可思历年《中国大学生就业报告》，按照毕业院校划分，自2009年以来，全国大学生总体薪资呈现上升趋势，由2009届的2 130元／月增加到2013届的3 250元／月，其中本科生的薪资水平要高于高职院校，也高于全国大学生总体薪资，本科生薪资分别由2009届的2 369元／月增加到2013届的3 560元／月，高职高专生薪资由2009届的1 890元／月增加到2013届的2 940元／月。非"211"院校与"211"院校相比，"211"院校薪资水平高于非"211"院校薪资水平，"211"院校薪资由2009届的2 756元／月增加到2013届的4 123元／月。由此可以看出，工资报酬水平随着学历层次的提高而提高，毕业院校层次、学历高低会显著地影响薪资水平，专科毕业生起薪与本科毕业生和研究生相比有较大差距。[1]2009—2013届毕业生半年后的月收入变化趋势如表5-6所示。

表5-6　2009—2013届毕业生半年后的月收入变化趋势

毕业院校	2009届	2010届	2011届	2012届	2013届
全国总体	2 130	2 479	2 766	3 048	3 250

---

① 杨钋.高等职业教育收益研究的现状与问题[J].中国职业技术教育，2011（36）：5-16.

续　表

毕业院校	2009 届	2010 届	2011 届	2012 届	2013 届
本科院校	2 369	2 815	3 051	3 366	3 560
高职高专	1 890	2 142	2 482	2 731	2 940
"211" 院校	2 756	3 405	3 638	4 119	4 123
非 "211" 院校	2 241	2 697	2 933	3 215	3 447

资料来源：麦可思《中国大学生就业报告》。

通过教育—年龄—收入曲线可以体现不同人力资本投资水平下劳动力平均收入情况，如图 5-1 所示。

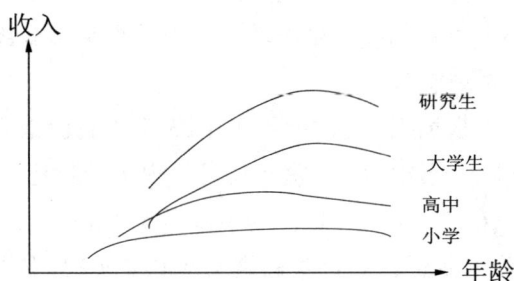

图 5-1　教育—年龄—收益曲线

由图 5-1 发现，一是高学历劳动者的工资报酬在平均值和极值上都相对较高。二是教育—年龄—收入曲线随年龄增长呈现递增外凸状态，与受教育水平的高低无关，收入随年龄增长在达到最大值后呈平缓状态甚至下降趋势。三是曲线斜率与学历层次正相关，与低学历劳动者相比，高学历劳动者的收入递增速度和递减速度更快。四是高学历劳动者的收入极大值点要比低学历劳动者的收入极大值点到达的时间晚，反映了教育的时间成本及面临的不确定性。五是随着学历层次的提高和年龄的增长，不同学历层次劳动者之间的收入差距加大。

通过简化的人力资本投资模型可以体现不同教育水平及教育类型的成本收益情况，如图 5-2 所示。

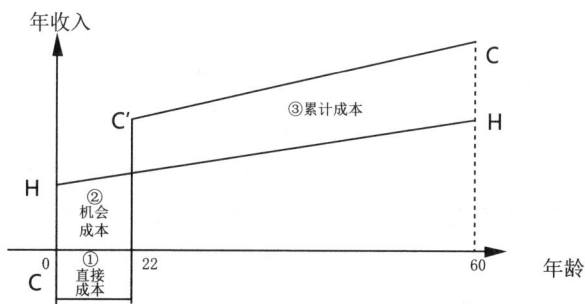

图 5-2　两种不同的工资报酬流

如图 5-2 所示，CC 表示大学教育成本和收益曲线，HH 表示中等职业教育收益曲线，C'C 表示大学毕业生职业生涯总收入。可以发现，职业学校毕业生工资报酬流 H 出现时间早，但是基数低，增速慢，且面临着增长瓶颈。大学毕业生工资报酬由于学费成本在学生生涯中收入流为负，毕业后的工资起点比已有几年工作经历的中职毕业生的工资还低，但是随着工作年限的增加，工资逐渐高于中职毕业生，并且上升的幅度也较大，最终整个职业生涯的累积收益要高于职业技术学校毕业生的累积收益。由此可以发现，职业技术教育属于收益相对较低的教育投资，教育收益位于大学教育和中学教育之间。

三、影响个人或家庭投资技能型人力资本的非经济因素分析

除了经济性收益影响个人或家庭人力投资选择外，非经济收益的影响也很重要，主要表现在以下几个方面。

（一）社会地位

职业技术教育担负着为国家培养各行各业所需技能型人才的重任，具有较高正外部性。但受传统的教育观、人才观、择业观的影响，人们对职业技术教育并不看好，某种程度上还曲解了职业技术教育的性质、作用和地位，无论是社会、学校、教师还是家庭或者学生本人，在潜意识中是歧视职业教育的。受传统文化影响，人们有重知识、轻技能的认识倾向，职业技术教育在整个教育体系中的地位没有得到应有的重视，无论是政策取向、资源配置还是社会选择，均把职业技术教育作为次优选择，导致职业技术教育在提高受教育者的社会地位上不具有优势，技能型人才的社会地位和职业声望偏低，有些家庭和学生甚至会因为在职业技术学校上学而感到自卑。

（二）就业条件

在劳动力市场中，教育信号对人力资源的配置作用很明显。目前，显示性的信息（如学历层次、专业类别、院校类型以及相关资格证书）成为企业用人和支付薪酬的重要依据。虽然职业技术院校的学生也可以获得相关的职业资格证书，但是与更高的学历层次和院校类型相比，职业资格证书并不是用人单位首要考虑的条件，职业资格证书的权威性和社会认可度不高。此外，社会没有建立起良好的激励机制和保障机制来促进技能型人才就业，尤其是近年来就业市场疲软，加之高校连年扩招，使职业技术学校的毕业生就业环境变差，找到适合自身条件的就业岗位难度加大。毕业于职业技术院校的技能型人才在遇到企业裁员时往往处于更加不利的地位，如果技能型人才不能对企业做出独特的贡献，又没有在岗位工作中提升职业技能，知识结构和技术技能将会过时，不能适应环境变化，很容易成为劳动力市场的淘汰者。劳动力市场的显示性信息导致职业技术教育毕业生在低工资报酬工作中过度供给，在高工资报酬工作中的供给则显得不足，这些都使技能型人才面临更大的失业风险。

（三）职业生涯发展

教育可以增强劳动者应对经济失衡的能力。接受教育后，劳动者发现机会、抓住机会以及有效配置给定资源的能力和提高生产效率的能力等会有所加强。在职业生涯发展中，劳动者始终在重新配置资源，知识和学历能有效促成其重新配置资源的能力。接受教育和职业变迁可帮助技能型人才应对自身所处的职业条件，使他们有更多的机会选择职业发展方向。技能型人才通过培训可以突破知识瓶颈，提高职业转变的能力，降低职业发展面临的不确定性。然而，从现实来看，技能型人才的培养时间较长，培养高级技能人才往往需要数十年时间。技能型人才的培养除了受家庭背景、家庭教育选择、自身在培训后做出的职业选择的影响外，还受到企业提供的培训项目类型（一般项目培训或特殊项目培训）、企业经营效益好坏、企业培训约束机制以及晋升机制等多方面因素的影响，充满不确定性。加之劳动力市场并不会根据技能型人才参与的技能培训进行人才选择，企业更倾向于通过实际操作能力甄别和挑选技能型人才，接受职业教育或参加技能培训并不能保证技能型人才有一个相对确定的职业发展，这导致许多技能型人才并没有把未来职业生涯的发展寄托在技能培训上，而是期望从事非一线生产的"白领"甚至是"金领"职业，因而进一步降低了技术型人才接受职业教育和技能培训的意愿。

（四）就业观念

目前，社会的就业观念也在一定程度上影响着个人或家庭对技能型人力资本的投资。例如，受到我国经济发展不平衡的影响，一些年轻的技能型人才尤其是未婚青年倾向于到发达地区务工。技能型人才择业期望提高，普遍对普工和动手类的工作岗位不感兴趣，尤其是"90后"独生子女的父辈甚至祖辈仍是健壮的劳动力，家庭经济条件较为优越，对工厂工作环境要求高，不愿意从事劳动强度大的工作岗位，更加注重对职业前景的选择，更愿意从事一些体面、稳定、有保障并且工作强度低的职业。此外，受当下社会大环境的影响，年轻一代眼高手低、吃不了苦的现象十分普遍，很难投入时间和精力主动提高自己的技能。

第五节　本章小结

技能型人力资本具有有限的非排他性和非竞争性的特征，因此应被划分为准公共产品，政府、企业以及个人或者家庭都是技能型人力资本投资的主体，都应该承担技能型人力资本的投资责任并将投资维持在合理水平，都应当获得相应的投资收益。

政府对人力资本投资存在投资偏好。由政府人力资本投资偏好分析框架可知，中央政府教育供给偏好会影响地方政府教育供给的数量和类型，与此同时，地方政府的教育投资偏好也受到自身条件和教育溢出效应的影响。分析体现中央政府和地方政府教育投资偏好的相关指标便可以了解职业技术教育和普通教育投入供给的差别。对技能型人才培养机构数量和培养人数、技能型人才培养师资力量和师生比以及经费投入等几个指标进行对比分析，可以发现2000年—2014年，政府对技能型人才培养投入不足，政府没有体现出对技能型人力资本的投资偏好，这在一定程度上导致了技能型人力资本投资积累水平不高和技能型人才的短缺。此外，政府在职业技术教育中的角色和功能定位影响技能型人力资本投资的质量，政绩考核的导向影响政府对技能型人力资本投资的动力，制度安排也会影响政府对技能型人力资本投资的效率。

企业是招收、培养、使用技能型劳动者的主体，也是技能型人力资本投资的重要主体。在技能型人力资本投资过程中，企业开展的培训项目的外部性水平不同，"一般项目"培训的外部性水平要高于"特殊项目"培训的外部性水平。在缺乏外部激励机制和约束机制的情况下，企业倾向于不对"一般项目"培训，进行技能型人力资本投资，因此针对"一般项目"的培训，需要制定相应的政策措施或者通过受益第三方的补偿等方式实现企业人力资本投资正外部性的内在化，积极探索现有体制环境下企业投资职业技能培训的经费分担机制，避免企业过度承担培训成本，切实维护企业利益。同时，要加强制度建设，合理引导劳资双方建立稳固的雇佣关系，并有效约束规范企业的培训行为，保证培训质量，保障各方利益。此外，还要推动企业通过社会价值的实现达到技能培训收益最大化，激励企业开展技能型人力资本投资并实现多方共赢。相较"一般项目"培训，企业开展"特殊项目"培训有利于降低技能型人才培训后的离职概率，更有利于技能型人才与企业之间雇佣关系的稳定性和长久性，因此国家对"特殊项目"培训的政策扶持力度要低于"一般项目"培训。此外，企业投资技能型人力资本还受到其他几个因素的影响，一是技能传承的"传帮带"机制不完善，二是信息不对称影响企业投资技能型人力资本的动力，三是培训周期影响企业投资技能型人力资本的积极性。

个人或家庭是技能型人力资本的主要供给方和职业技术教育的投资主体之一，个人或家庭在投资人力资本时从理性和现实的角度出发需要考虑投资成本和收益，这构成了技能型人力资本投资的原动力。从个人或家庭人力资本投资决策来看，决定是否投资技能型人力资本的关键考量是这种投资能否实现个人或家庭收益的最大化。通过构建教育—年龄—收入曲线，发现教育水平的提高和劳动者工资报酬正相关，高学历劳动者的工资报酬在平均值和极值上都相对较高，高学历劳动者比低学历劳动者的收入递增和递减速度要快，高学历劳动者的收入极大值点要比低学历劳动者的收入极大值点到达的时间晚，并且随着学历层次的提高和年龄的增长，不同学历层次劳动者之间的收入差距加大。因此，职业技术教育收益水平位于大学教育和中学教育之间，投资职业技术教育属于收益相对较低的投资选择。除了经济性收益影响个人或家庭的人力资本投资决策外，社会地位、就业观念、就业条件和职业生涯发展等非经济效益也都会影响对技能型人力资本的投资决策。

第六章　德国技能型人力资本投资经验分析

⟫⟫⟫⟫⟩⟨⟨⟨⟨⟨

德国制造在全球制造业具有极强竞争力，《2012—2013 年世界制造业竞争力指数》中指出德国制造业竞争力仅次于日本，优势主要包括机电一体化、汽车制造工业、强大创新能力、中小企业成熟发展、规模庞大的技术熟练劳动力队伍以及高质量的产业基础设施等。多元化的技能型人力资本投资体系和技能型人才教育培训体系为德国提供了一支规模庞大的高质量的技能型人才队伍，为德国制造业和德国经济发展奠定了坚实基础。本章将简要分析德国制造由弱变强转型发展的历史进程和德国的技能型人力资本投资的成功经验，以便为我国制造业转型升级和技能型人才培养提供借鉴。

第一节　德国制造业转型发展的历史和德国制造业由弱变强的原因分析

德国制造业的发展是一个由弱变强和持续转型升级发展的过程。"德国制造"是一个有机联系的产业链和综合经济体系，其成长和发展是多方面因素综合发挥作用的结果。

一、德国制造业转型发展的历史

德国工业化起步晚于英国，开始于 19 世纪 20 年代，并且受到国家分裂的影响，工业化进程较慢，直到 1840 年德国的生铁产量仅为法国的 1/4 和英国的 1/7。在 1870 年以前，德国工业化水平要比同期的英国、法国和美国低，该时期德国工业化以普鲁士为代表，制造业主要集中在钢铁、煤炭和机器制造等领域。并且，德国在进入工业化后曾经历过仿制和伪冒英法产品的历史，以至于英国指责当时的德国人仿造的机床产品破坏了英国产品的市场声誉，英国议会还于 1887 年修改了《商标法》，规定所有由德国生产的产品都必须标明"德国制造"才能出口到英国，以此将英国生产的优质产品与德国制造的劣质产品区别开来。为了改变"德国制造"的声誉，德国制造商不断完善产品性能和提高产品质量，经过近 20 年时间摸索和技术改进，德国产品终于在 1893 年在芝加哥举行的世界博览会上脱颖而出，德国产品逐渐成为高品质和高精度产品的代名词，并逐渐确立了"德国制造"的国际声誉。

1871 年德意志国家统一，德国抓住第二次产业革命中电能、内燃机和合成化学技术发展带来的机会，加快工业化进程。一直到 1894 年，德国的工业发展增速都非常快，传统机器设备制造业被不断改造，鲁尔随之成为欧洲最重要的工业中心。德国不断完善机床性能和制造方法工艺，其在机器设备制造领域处于国际领先地位，对于化学、制药等高新制造业，德国通过不断摸索和创新也逐渐取得较强的国际竞争力。之后，电气设备、光学和精密仪器制造等领域也出现了"德国制造"的身影。德国工业产值在 1906 年占到了世界工业产值的 16%，超过了英国，并仅次于美国。德国经济总量在 1913 年已经处于世界第二位，到1914 年，德国已经成为欧洲头号工业强国。

两次世界大战期间，德国经济和德国制造业畸形发展，许多产业和企业被卷入战时生产的行列，成了兵工厂，体现的是战时计划经济特征。第一次世界大战后，联邦德国承接了美国转移来的制造业产业，由于当时劳动力价格较低，并主要为欧洲生产各类工业制成品和轻工产品，逐渐成为欧洲制造业强国。1951—1960 年制造业平均增长速度高达 8.26%，1970 年第二产业占比达 57.6%，不但能源、汽车、光学、化工、制药、电子和信息系统以及新型制造业得到恢复和发展，而且小规模定制和特色规模生产也成为德国制造业发展的新方向。

20 世纪 80 年代以后，德国劳动力价格升高，亚洲尤其是中国劳动力成本优势凸显，德国劳动密集型制造业被迫向外转移，加之日本和韩国产品质量优良，性能出众，比德国产品性价比更高，德国制造业的国际竞争力有所下降。20 世纪 90 年代后制造业的比重由 1990 年的 25.92% 下降到 2001 的 22.37%，为此德国制定了相应的产业政策以应对制造业的过快下降，到 2005 年制造业比重上升为 23.77%。

德国一直在不断调整制造业产业结构。在工业化初期，德国依赖资源优势大力发展毛纺、钢铁以及化学工业。第二次世界大战前，德国制造业以军品生产为主，第二次世界大战后，为了快速恢复经济，德国的机械制造、能源、钢铁、化学工业和建筑业都获得了较大发展。随着劳动力低成本优势的下降，德国第三产业的发展逐渐超越第二产业。面对来自亚洲国家的竞争，德国逐渐舍弃了技术含量不高或缺乏竞争优势的制造领域，初级产品也逐渐退出出口市场，转而加大对大型医疗设备、电机和电气产品等耐用资本品的投入力度，政策上也给予支持，使之保持世界领先水平。2008 年金融危机爆发以来，德国依靠制造业优势成功使经济逆势复苏，并率先走出衰退。

经过多年发展，德国拥有了诸多顶级品牌和百年老店，一些技术和工艺在世界范围处于行业领先地位。由此可知，"德国制造"的发展是多年积累、变迁和创新的结果，经历了从技术模仿到自主创新、从追求规模效益到追求质量效益的转型升级过程，体现了精专制造和高端制造的完美结合，有力地促进了产品技术出口和国内的产业集群发展。

二、德国制造业由弱变强的原因分析

"德国制造"是一个有机联系的产业链和综合经济体系，其成长和发展是多方面因素综合发挥作用的结果。

（一）德国统一和相关法律政策促进市场充分发挥作用

1871 年，普鲁士战胜法国完成国家统一，政府通过消除各邦国贸易壁垒、出台关税法和货币法等一系列经济法律以及统一德国货币等一系列措施有力推动了国内的自由贸易，促使德国市场机制充分发挥作用，并通过关税保护和出口补贴为德国制造业提供了发展空间，使德国产品以更强的竞争优势进入欧洲其他国家乃至世界市场。

（二）发明创造和技术创新是制造业产业发展的驱动力

长期以来，德国积累了大量发明创造的优秀人才，先后有数十位科学家获得诺贝尔奖。从专利技术上看，2004 年德国申请专利 2.3 万件，2011 年德国申请专利共 58 997 件，其中一些知名公司取得的技术专利数量位居全世界前列。这些发明创造和技术专利成为德国制造业国际竞争力的象征，有力地推动了德国电气、电子技术以及化学工业和机械制造业的发展。

德国政府和企业重视教育和科学技术人才的培养，充分利用科技成果推动德国制造业的发展。一是投资支持高等教育发展。德国现有 372 所高校，绝大多数属于公立学校，国家为其提供大量奖学金或者助学金，减轻了学生接受教育的费用负担。二是支持产学研。投入 GDP 的 2.5% 用于研发，投资建立科技园和技术孵化中心，2006—2009 年投资 150 亿欧元支持纳米技术、航天航空技术、生物技术以及材料技术等 17 个领域的技术创新。三是技术人员待遇高。在德国，工程师和工程技术人员的收入水平与金融从业人员相仿，德国还鼓励人才到企业发展，博士毕业到企业工作 7 年后可以申请大学教授资格。四是注重技术改造和提升。例如，德国钢铁产业在 20 世纪 70 年代由于本国煤炭成本上升而大量采用新技术来生产新型的特种钢，传统产业重新焕发生机。五是有效引导企业开展研发活动。通过制定科学技术研究开发计划支持科研部门和企业研发机构，并给予税收减免，使企业和私人成为研发主力军，每年企业投入的研发费用占德国总研发经费的 66%。这些举措有力推动了德国的科学技术创新，提高了德国制造业的国际竞争力。

（三）高度重视产品质量，精心打造"德国制造"品牌

全面质量管理计划的实施保证了德国制造业的产品质量，过硬的产品质量是德国制造业的一个重要优势。基于其民族文化，德国人重视产品质量，而且与时俱进，不断提升质量管理水平。1952 年成立的质量协会是一个具有独立性和非营利性的组织，大部分企业是其会员，该组织对推动德国企业重视产品质量、保证"德国制造"的品质起到了重要作用。

（四）重视中小企业发展

中小企业是完全竞争市场的主体，德国 27 万家制造业企业中中小企业占98.6%，绝大多数企业雇员少于 250 人，年销售额不足 5 000 万欧元。这些企业虽然规模不大，但却是德国制造业产品的主要生产者和出口者。德国非常重视中小企业的发展，一是健全法律制度保证市场充分竞争，如 1957 年通过了《反对限制竞争法》，防止大企业间的合并和控制市场。二是设立专门政府机构，完善中介服务体系，促进中小企业发展。三是提供资金支持，在税收方面向中小企业倾斜，鼓励创新研发，直接资助中小企业发展。

（五）不同政策组合推进制造业有序发展

德国政府非常注意运用理性预期理论，根据不同产业发展制定差异化的产业政策，并注重保持经济政策的连续性和稳定性。在基础制造业方面，积极引导并优先发展适合的行业，如第二次世界大战后为尽快恢复工业生产和国民经济，德国优先发展重工业，对煤炭、钢铁、运输业等利润低、但基础性强的产业予以补贴，保证其发展。煤钢产量的上升有利于制造业发展和蒸汽机的使用，在保证动

力支持的同时提高了机械制造行业的生产效率。除此之外，德国还对潜在优势行业提供补贴，从 20 世纪 60 年代起，德国先后对造船和航天航空企业提供生产成本补贴、贷款利息补贴和技术研发资助，对已经确立优势的行业如汽车工业、机械工业以及电气电子和化学工业等行业，政府也给予税收优惠以保证其国际竞争优势，推动了德国制造业的有序发展。

（六）全方位教育体系积累了大量的人才和技术

德国被认为是世界上最重视教育和人力资本投资的国家之一。18 世纪德国的教育投入水平便位居世界前列，1816 年普鲁士儿童入学率为 43%，1846 年提高到 68%，1860 年为 97.5%，初等教育的普及保证了劳动者的综合素质，对德国制造业的发展意义深远。德国是现代大学的发源地，柏林工学院、卡尔斯卢合工艺学院等一些专业学院的创办有力促进了基础性以及应用科学技术的长足发展。此外，德国拥有一套成熟完善的职业教育系统，70% 的学生在走向工作岗位前均会进企业接受技术技能培训，为"德国制造"培养了大量的高水平的技能型人才。

（七）完善的社会保障制度维护了社会公平

市场经济要充分发挥作用需要有稳定的社会秩序，社会保障制度对于稳定社会秩序起着重要作用。德意志帝国建立初期，工人利益缺乏保障，社会矛盾激化。为缓解社会冲突，德国在世界上首先建立了现代社会保障制度，并不断完善社会保险立法。在 1883 年通过的《医疗保险法》、1884 年通过的《工伤事故保险法》和 1889 年通过的《伤残和养老保险法》的基础上，德国基本建构起了社会保障制度，并通过一些后续立法使德国社会保障体系不断完善。两德统一后，政府积极推进地区公平，东德和西德地区养老金水平差距由 1990 年 59.7% 缩减为 1998 年的 13.3%。这些社会保障制度在缓解社会矛盾的同时维护了社会公平，提高了工人工作的积极性，为德国制造业的发展提供了良好的社会环境。

第二节　技能型人力资本在德国制造业发展中的作用

德国制造业的强大除了前述原因外，还与其拥有一支规模巨大、富有经验、技术精湛的技能型人才队伍关系密切。随着德国制造业的产业升级，资本集中、高度复杂的制造业体系对理论扎实、技术过硬、富有创造力的技术工人需求更加旺盛。完备的职业教育体系为德国制造业培养出大量训练有素并能适应新技术新工艺的专业技能人才。尤其值得一提的是德国的双元制职业教育，德国工会规定，在约 450 个行业中学徒经历是成为企业正式员工的必要条件，约 70% 的青少年在中学毕业后会接受双元制职业教育，在可选择的行业内做 3 年学徒后进入企业就业。双元制职业教育使技能型人才通过严格的技术训练，提升了专业技能和技术能力，培育了一丝不苟、精益求精、追求完美的工匠精神，保证了德国制造业的强大竞争力。

第三节　德国职业教育以及技能型人力资本投资积累的经验分析

技能型人力资本的投资积累在德国制造业由弱变强的进程中发挥了重要作用。德国技能型人力资本投资积累的主要渠道是其颇具特色的职业教育系统，正是德国大规模、成体系、不断完善的职业教育系统为德国制造业培养了大量高素质技能型人才，保证了"德国制造"的高品质，有效实现了技能型人力资本投资与产业人才需求的对接。德国技能型人力资本投资积累的高水平和职业教育的成功源自政府、企业、行业协会以及个人或家庭的共同参与，各投资主体共同承担投资责任和分享投资收益的体制机制。

德国职业教育系统由双元制职业教育体系、全日制职业教育体系和过渡系统体系三大板块构成。双元制职业教育体系中，学生有大概三分之一的时间在学校接受与职业相关的理论教育，有大概三分之二的时间以学徒身份在企业接受带薪职业技能培训；全日制职业教育体系中，学生主要在职业专科学校里接受职业教育培训，通常以培养社工、护理人员或手工技术工人等为主；过渡系统则指为学生开设的通常为期一年的职业准备教育或职业基础教育。其中，有着"德国经济腾飞的秘密武器"之誉的双元制职业教育体系是德国职业教育系统的主要组成部分。根据 2016 年发布的德国教育数据，双元制职业教体育系 2015 年招募新生 48 万人，占据了德国职业教育系统的半壁河山。德国双元制职业教育体系的成功在某种程度上也代表了德国职业教育系统的成功。鉴于此，本书将首先分析德国双元制职业教育体系的运行机制和成功机理。

一、政府和企业积极配合推动双元制职业教育体系成功运行

由于技能型人才培养的特殊性，企业在技能型人力资本投资积累中发挥着不

可或缺的重要作用，是德国职业教育系统中的重要组成部分，尤其在双元制职业教育体系中的学徒培养和技能培训中承担了主要的培养职责和大部分投资成本。企业投资技能型人力资本带来正外部性，影响企业的人力资本投资决策。由于市场失灵的存在，单纯依靠市场的力量无法解决技能型人力资本投资的外部性问题。无论是从经济学理论还是从实践经验上看，要提升企业投资技能型人才培训的积极性，就必须综合运用政府和市场两种力量，实现人力资本投资者从个体最优角度采取的投资决策能够同时达到集体或社会层面上的最优，从而实现企业投资技能培训外部性的内在化，达到人力资本投资的帕累托最优。

（一）政府

德国是一个联邦制国家。在参与技能型人力资本投资方面，党派、德国议会、联邦和各州政府对职业技能培训共同承担责任。德国政府通过对企业投资技能培训提供补贴等多种方式推动企业投资与收益平衡，具体做法如下。一是财政资金补贴投资技能教育和学徒培训的企业和机构。《联邦劳动促进法》规定德国联邦劳动局可向各种职业技能培训机构和设施提供资助或津贴，以保证各类职业教育机构能够根据劳务市场的变化和职业的技术更新要求改善教学场所和教学设备。学校的办学费用由各州政府财政承担（约占全国职业教育总费用的23%）。二是设立筹措职业教育经费的专门基金，资助提供职业技能培训或参与双元制学徒培训的企业。德国设立的中央基金依据法律规定向企业收缴培训经费，企业不论是否参与技能培训都必须按企业员工工资总额的一定百分比提取资金交纳给中央基金，提取比例一般为 0.6% ~ 9.2%。在基金使用方面，只有培训企业和跨企业的培训中心才有资格获得中央基金的培训资助，国家依据一套严格的分配制度规范中央基金的资金的申请、分配和发放。企业所获资助经费的数额依据企业规模、培训职业、培训年限的差异以及经济发展水平和地区差异而有所差别，通常根据培训效果及培训前景，企业可以获得培训费用的 50% ~ 80% 甚至 100% 的资助补偿。这些资助平衡了提供职业技能培训或参与双元制学徒培训的企业与未参与培训企业间的经济负担，一定程度上消除了企业间由培训成本负担引起的不公平竞争行为。从某种程度上说，这种资金的提取相当于未参加培训的企业向提供培训的企业支付了一笔资金，用以购买培训服务。三是对行业协会（"双元制"职业教育中培训企业的主管部门）予以拨款资助。行业协会建立的跨企业培训场所可以从政府获得补贴。政府还对设备配置、材料消耗以及培训课程的实施等提供补助。四是通过引入竞争性机制，提高职业培训和职业介绍服务的效率。联邦就业服务机构开展全国招标，公立、私立培训机构、职业介绍所只要具备资质均可以参与投标。联邦就业服务机构给失业者发放培训券以便失业者参加定点培训机构的培训，这些培训券提供的培训不少于 3 个月，同时失业者拥有选择培训机构的自主性。定点培训机构根据培训人数和职业介绍成功率从联邦就业服务机构那里获得结算项目经费。

（二）企业

德国企业开展职业技能培训的主要途径是参与双元制学徒培训。德国的双元制职业教育培训体系已成为世界范围内职业技能培训的重要模式。德国双元制职业教育培训体系将学校职业教育与企业岗位技能传授、理论学习与工作实践、学校培养与企业培养融合在了一起，是一种校企合作培养技能人才的职业教育制度，其中一元指的是私人企业，另一元指国家办的学校。双元制职业教育培训的经费投入，企业承担约 2/3，国家承担约 1/3。在双元制职业教育培养过程中，接受培训的学徒与具有职业教育资格的企业签订《职业教育合同》后，每周在企业学习 3～4 天岗位实践技能，在职业学校学习 1～2 天理论知识，从而强化了技术技能培训的主导地位。企业培训以岗位技能实践为主，学校教育以专业课和普通文化课学习为主。

德国目前已经形成了由单一企业培训中心、企业间培训联盟、跨企业培训中心和企业外培训中心四种模式构成的双元制职业教育体系。单一企业培训中心模式是在本企业建立培训中心并实施技能培训，经过审核并具备相应条件的德国企业可以公开招收双元制学徒。经过双方平等协商，企业与职业学校自愿开展合作，由公共财政承担学校教学运行的费用，企业也会为其补充部分费用。技能培训的费用主要由企业负担，政府会提供相应的补贴或资助。企业间培训联盟模式指由多个企业组成培训联盟并开展轮转式实训，共同开展技能培训的职业技能培训模式。跨企业培训中心是由相关企业、协会等在当地劳动管理部门的统一协调下创建的，目的是帮助某些企业解决培训能力不足、生产任务重、设备不全或无法保证实践训练条件的困难，以满足相应企业职业技能培训的需求。企业外培训中心模式是针对学生由于多种原因找不到企业及培训机会或者企业所提供的技能培训无法满足学生实习要求而由政府所设立的以模拟企业化的职业技能培训。为弥补实践经验的不足，学生在此期间寻找企业实习机会并进行 2～4 周的企业实习，有的学生通过了企业考察正式留在了企业并签订培训合同，则进入了普通双元制模式。

企业开展职业技能培训的内容、标准以及期限等必须依据联邦教育和科学部部长会同有关行业的部长共同颁布的培训条例进行。在培训企业的选择方面，按照《联邦职业教育法》的资质标准，只有通过行业协会审查认定的企业才有资格开展双元制职业教育，目前只有 20 ～ 25% 的企业具有这种职业教育资格，因其承担着教育和社会责任，这些通过资质标准审查认定的企业也被称为"教育企业"，从而享有极高的社会地位和声誉。企业开展职业技能培训的费用绝大部分由开展培训的企业承担（约占全国职业教育总费用的 85%），每年的费用大约为238 亿欧元，3 倍于政府在此项的支出，主要用于发放培训津贴、资助技术工人、培训师资支出以及设备与耗材的费用支出。根据联邦高等职业教育和培训研究所计算，2012 年公共预算为每个学员花费 2 700 欧元，约有 150 万学生在职业学校学习，职业学校花费 40 亿欧元。

虽然企业培养学徒成本不菲，但从长期来看，企业雇佣学徒的性价比较高。德国员工的企业任职时间明显高于欧洲其他国家员工，平均为 10.5 年，波兰和捷克为 9.6 年，匈牙利为 9.1 年，丹麦和爱尔兰为 8.1 年，西班牙为 8.6 年，英国仅为 7.8 年，只有比利时、法国和意大利员工的任职时间高于德国。在德国，技能型人才收入水平较高，技术工人的收入水平和硕士毕业生的收入大致相同，高技能工人的收入水平更高，技能型人才对企业忠诚度高，在职时间长，员工流动性低。并且，企业通过学徒培训可以让他们更好地了解企业的实际生产和运作，为以后的员工雇佣提供了便利，不仅为企业储备了合格的后备劳动力，还可以节省招聘成本，有效避免了招聘错误雇员存在的潜在风险。目前，德国已有 375 个获得国家承认的培训职业工种，约 180 万年龄未满 18 岁的青少年接受这些职业技能培训，接近六成的初中毕业生选择了职业教育和学徒培训，超过 80% 的劳动力接受过正式的职业技能培训或拥有学术学位。在德国，不是每个企业都有权提供培训。据统计，2014 年 57% 的企业有权提供培训，其中西部地区为 58%，东部地区为 53%。按照企业规模分类来看，小企业部分可以得到授权，开展培训，而大企业基本上都可以开展培训。2012 年德国开展双元制学徒培训的企业中，规模在 9 人及以下的企业中开展学徒培训的企业占比仅为 38%，而规模在 500 人以上的企业开展学徒培训的比例高达 96%。2014 年微型企业提供培训的比例为 12.4%（2013 年为 12.9%），小型企业提供培训的比例为 44.1%（2013 年为 44.7%），中型企业提供培训的比例为 67.0%（2013 年为 67.6%），大企业提供培训的比例为82.3%（2013 为 83.2%）。2014 年全国自愿雇用了双元制学徒的企业约占企业总数的 20%，并有超过九成的大企业提供了学徒培训机会，接收了近 60 万个学徒。

由此可见，双元制职业技能培训体系取得成功的一个重要原因是政府和企业的共同参与有效推动了企业投资技能型人力资本、参与技能培训外部性的内在化，推动了企业人力资本投资成本与收益的平衡，提高了企业培养技能型人才的积极性，为德国制造业的发展培养了一支高素质的技术劳动力队伍，保证了个人、企业、行业和整个国家的技术技能水平。

二、法律制度保障双元制职业教育和技能型人力资本投资有序开展

德国从 1938 年开始实行职业学校义务教育制，通过法律规定使学徒在职业学校学习和在企业中学习平等化。由联邦政府和州政府、职业教育研究所、雇主协会、雇员协会以及工商联合会多方联合拟定通过的《联邦职业教育法》，统筹了各方的权利和义务、职责、教育培训机构审核与监督、培训师的素质及专业资质要求以及职业教育的资助与惩罚制度等，具有很强的操作性和规范性。德国还在 2005 年进一步修订了 1969 年通过实施的《职业培训法》，促成联邦政府、联邦州（州）政府和企业之间建立起了紧密的联系，目的是向年轻人提供全国公认的职业技能培训，并通过主管机构（即工商会或工艺和贸易工会）颁发的证书予以记录确认。国家法律还规定了职业教育的学习年限和学习方式，依据职业不同，学习年限一般分为 2 年、3 年或 3.5 年三种。

三、工商联合会有效监督双元制职业教育体系规范运行

德国由各级行会如手工业、工商业以及农业联合会等负责职业技能培训的监督、考核和验收工作。行会还对各种职业和经济部门的培训场所和培训教员的资格进行审查并受理学徒培训合同的登记、更改和注销等，设立了考核委员会，负责对参加双元制职业培训的学徒进行理论和实际技能的考核与职业证书的核发工作。

工商联合会的主要职责有三部分。一是负责对培训机构的培训资质进行审定、监督和检查。为保证必要的培训质量，工商联合会对职业培训实施监督，学徒与企业的培训合同也由工商联合会审查登记。工商联合会可以拒绝将有异议或有违法行为的培训合同登记备案，也可以让学徒向行政法院提出诉讼。工商联合会有义务检查企业的培训资格，对缺乏培训资格的培训合同，可以拒绝予以登记，甚至可以注销缺乏资格的培训机构。工商联合会还聘请了培训顾问负责定期访问企业，审查企业是否履行职业技能培训职责。二是为中小企业提供跨企业培

训中心服务。工商联合会专门建立了"跨企业培训中心"以确保统一的培训水平，并补充企业培训的不足。为保证不同地区和企业的所有学徒接受统一质量标准的培训，并使雇主对这些职业资格证书充分信任，全国所有行业均开展标准化的培训、测试和职业资格考试。三是组织考试并颁发证书。工商联合会负责职业技能考试事务，包括期中考核、职业毕业考试和进修考试等，承担考试的准备与组织工作，组织考试并颁发证书。

此外，培训顾问与职业学校定期进行交流沟通，已经成为职业学校的重要合作伙伴。为方便普通学校的毕业班学生了解、接受双元制职业教育的各种途径，培训顾问还经常向他们提供职业咨询。为避免烦琐的诉讼程序，培训顾问或工商联合会的专门调解委员会还负责协调培训企业与学徒之间发生的矛盾。

四、严格的企业培训师制度保证了岗位技能培训的质量

在德国，企业培训师是职业培训的直接实施者，职业培训的质量与企业培训师的个人素质息息相关。《企业培训师能力要求》进一步补充《联邦职业教育法》的有关规定，明确了培训师的能力要求、知识结构和培养方式。一是知识结构要求，企业培训师要具备教育学相关知识、企业培训相关知识以及考试深造相关知识。二是能力要求，企业培训师应具备个人能力、教育评价革新能力、专业能力与扩展能力。三是企业培训师培养路径，除了学习专业知识以及教育学、教学论和心理学之外，企业培训师还必须参加严格的双元制职业教育和培训，同时要通过职教中期考试、满师考试或毕业考试以及师傅考试。考试通过并不意味着成为真正的企业培训师，而只是取得了入行资格，考试通过之外还必须具备实际工作经验和相应的实际操作能力。企业培训师的知识结构、能力构成、培养过程以及考试制度共同保证了企业培训师的职业水平和技能培训的质量。

五、高效的教育链计划保证了技能型人才培养目标人群的全覆盖

德国教育链计划以职业资格为导向，以受训者个人职业长远发展为出发点，学校、政府和企业共同参与，通过构建培训潜力分析、树立职业导向、参与过渡系统和企业培训一体化链条，最终达到使受训者获得相应职业资格的目标。

为了使更多受训者进入教育链培训，学校应年轻人进行职业潜力分析，实施职业指导计划，形成行动导向的职业选择，并结合政府提供的就业信息等为学生提供相关实习机会；企业要将来自过渡系统的学生整合到企业培训中，并且在培

训期间给予学徒支持，防止其过早终止培训；德国联邦教研部（BMBF）、德国联邦劳动与社会事务部（BMAS）和联邦就业局（BA）要在政策上给予支持，通过开展区域协调、志愿者培训辅导和介绍性培训，搭建学校到企业间的过渡系统，并通过联邦和州政府各部门之间密切和有约束力的合作使资金支持从学校过渡到"教育链"倡议中，使资金得到更有效的协调和使用，用以支持技能培训。联邦政府提供补助资金给州政府用以组织开展职业潜力分析，开发和引入语言培训，保持文化中立，支持学龄期难民，制定职业导向模式和培训制度，从而覆盖更多的目标群体。

为了落实教育链计划，德国采取了如下措施。

（一）职业指导计划——支持职业导向和职业培训的措施和计划

德国联邦教研部（BMBF）的"跨企业职业培训中心和类似机构的职业导向计划"（简称BOP）开始于2008年4月1日，2015年提供了7 700万欧元的资金支持。作为教育链的一部分，该计划为学校7年级学生提供职业潜力分析，并在第8年职业培训中向其传授一些实践工作经验。该计划旨在支持学生在中学期间选择适合他们的职业或课程，使其更容易从学校过渡到职业培训，同时提高学生对培训的熟悉程度，防止他们在未来退出培训。自该计划实施以来，年轻人以及他们的父母、工商业界和学校对其做出了积极的回应。

（二）难民职业导向计划（BOF）

难民职业导向计划（BOF）由联邦政府出资实施，计划在2016—2018年为年轻难民提供实用的技能培训，帮助难民与企业直接联系，旨在使有资格获得庇护的、不再适龄的年轻人以及获得认可的年轻难民和获得许可留在德国的年轻人接受技能培训，为青年难民提供更好的企业培训或为技术工人组织研讨会以及为年轻难民提供技术贸易培训等。2016年联邦政府为该计划出资2 000万欧元。

（三）学校教练试点项目计划（SES）

该项目计划旨在帮助志愿者担任独立教练，为学校提供职业导向的培训，计划期间每年有174个独立教练和专家在58所学校为大约1 500名学生提供职业辅导。该计划由德国联邦教研部资助和支持，实施期为2010年1月到2015年8月，投入资金735万欧元。

（四）"职业资格整合"计划（IQ）

"职业资格整合"计划（IQ）由德国联邦劳动与社会事务部、德国联邦教研部、德国移民局（BAMF）和联邦就业局合作开展，实施期为2015—2018年，投入资金 1.4 亿欧元，目标是推动移民可持续地融入劳动力市场。2015—2018 年间，该计划预计执行 378 个项目，通过受理承认外国职业技能资格的申请，推动劳动力市场行为者（如州政府就业中心、行政部门和企业）开展跨文化技能培训并持续地推动开放德国文化，为新移民融入劳动力市场提供支持、援助和咨询。从该计划实施效果来看，2012—2014 年，有 44 000 人申请承认外国职业资格，2015 年约有 6 400 人申请承认外国职业资格。从 2012 年 8 月至 2015 年 12 月，全国有 96 个区域咨询中心为约 10.3 万人提供了相关的咨询服务。

（五）职业培训计划（IOBB）

该计划是国家培训年轻技能职员协议的一部分，实施期为 2014—2015 年，每年提供资金约 200 万欧元，2016—2018 年计划拨款 1 500 万欧元。该计划的实施目标是联邦政府和工商业集团协同促进双元制职业培训，帮助德国各地年轻人以适合其年龄段的方式开展职业培训，通过如网站、社交媒体、国家信息发布、广告以及新闻媒体和出版物等广泛传播信息，在更广阔的公共空间内开展双元制培训，持续为双元制职业培训提供各种机会。

（六）举办特定目标群体节日活动

一是举办旨在激励女孩和年轻妇女开展职业培训的"国家女生日"活动。"国家女生日"活动当天，相关企业、技术部门、大学以及研究中心等对学校 5 至 10 年级女孩开放。自 2001 年以来，大约 160 万女童和年轻妇女参加了超过 10 万个活动。二是举办"男生日"活动，目标是让男生有机会规划自身的生活和职业，扩大其职业选择范围，并做出合适的职业选择，提高男生的社交技能。自 2011 年以来，超过 16 万名男生参加了 2.5 万次活动。三是举办"绿色日"活动，目标是为学生介绍环保类职业和提供环境保护相关的学习课程，使年轻人获得环境保护和绿色技术等领域的课程知识，激发年轻人对前瞻性职业的兴趣。从 2012 年到 2015 年，超过 1.3 万名学生参加了 600 多个绿色日活动。

（七）辅助培训计划

为了提高学生参加培训的积极性，制定了职业启动辅导、职业前培训和介绍性培训计划等辅助培训计划。

职业启动辅导的目标是为学生个人提供持续的职业启动辅导，以帮助他们实现从学校向职业培训的过渡，职业启动辅导通常从学生毕业倒数第二年到职业培训开始的前半年开展，如果他们不立即过渡，则在他们离开学校后 24 个月内开展。从 2015 年起，1 000 所试点学校成了 BMBF 的"教育链"计划的一部分，大约有4.9万名学生获得职业启动辅导支持，该计划的实施增加了学生融入劳动力市场的机会。

职业前培训的目标是为需要额外职业培训的人或者由于个人原因无法获得职业培训的人提供支持，帮助他们融入主流劳动力市场。具体措施包括帮助参与者在选择职业前进行职业技能和能力的评估，确定合适的职业范围并选择一个职业，帮助参与者获得初级职业培训所需的能力和技能，如支持他们提升自我，获得一般中等学校或等同于中学毕业资格的证书，可持续地帮助受训者融入培训和劳动力市场。2015年，大约有7万名年轻人参加了职业前培训。

介绍性培训的目的是给予受训的年轻人接受职业技能培训的机会，并通过培训使企业在6～12月的日常工作中了解年轻人的技能掌握程度，从而了解年轻人。工商业已承诺为年轻人提供2万个介绍性培训场所，并为弱势青少年和移民提供特殊的介绍性培训。提供培训的企业可获得补贴并为参与介绍性培训的年轻人提供报酬以及缴纳社会保险。

六、培训联盟的一揽子计划保证了技能型人才源源不断的供给

德国联邦政府、州政府、工商业联合会和工会致力于推动和保持高质量的双元制培训模式，促使起点较低的年轻人，包括具有移民背景的人和残疾人平等地融入企业的职业技能培训。2014年12月发起的培训联盟致力于使每个对培训感兴趣的人尽快获得所求的职业资格，所有合作伙伴分别采取不同措施以确保协作达到最大效果。2015年9月18日，培训联盟签署了"联合宣言"，重点是为受训者提供前期职业培训，为具有较低职业资格级别的年轻人提供辅助培训，并为难民参与培训制定具体支持措施。工商业界有意愿让每个年轻人获得培训，启动了培训联盟网络并提供有用的服务信息。当前培训联盟的目标是更好地协调培训地点与技能培训申请人，为申请者提供更多的职业技能培训机会，具体措施如下。第一，成立就业办公室和就业中心提供综合服务。该服务对所有年轻人开放，就业办公室还向雇主提供具体咨询。联邦就业局还对中小型企业提供咨询服务，满足企业对熟练员工的需求。第二，提供基本职业培训津贴。为确保培训市场均衡，改善职业流动性，联邦就业局在职业培训期间提供基本职业培训津贴以帮助人们克服可能阻碍获得职业资格的经济困难，2015年总计10万人获得基本职业培训津贴并通过职业培训。第三，开展辅助培训。开展辅助培训的目标是帮助处境不利的年轻人成功完成双元制中的企业培训，并给迄今只能开展非企业培

训的年轻人以新的就业和培训前景，帮助年轻人在企业内获得持续的个人支持和社会终端教育指导，在培训期间确保对个人的持续支持并维持培训关系稳定。第四，推出培训期间支持计划。该计划旨在确保培训成功，并防止学生退出培训，通过提供特殊课程和辅助，帮助学员克服语言障碍，使他们获得专业的理论知识。2015年约有41 000名年轻人通过培训期间支持计划避免了退出培训，稳定了培训关系。第五，提供非企业的职业培训。这类培训主要由就业办公室和就业中心提供，针对处于不利地位的年轻人和残疾青年以及没有成功完成企业培训的人，力图使这些人进入企业的职业培训，目的是为更多的年轻人提供企业培训机会和工作的经验。第六，出台防止过早终止培训的措施。专家志愿者通过这一措施支持青年人，防止学员提前终止培训合同，防止学员退学，并通过介绍性培训将青少年纳入培训，提高年轻人的整体技能。该计划帮助学生实现了从学校到工作的过渡，补充了年轻人队伍。自2009年项目开始以来，已经有2 500名合格的高级专家志愿者为在德国接受职业培训的年轻人提供支持，接近5 500名年轻人从中获益。第七，JOBSTARTER培训计划。目的是通过可变的资助优先次序灵活响应当前的培训市场变化。该计划不仅增加了培训机会，还为受训者在教育和培训系统中提供更多的培训选择。该计划从2015年初启动了51个新项目，帮助中小企业解决培训场所或培训匹配问题，建设移民培训服务中心，推动受训人员区域间流动，提高了中小型企业培养更多潜在的技术工人的意愿和能力。第八，Willkommenslotsen计划。目标是支持中小型企业补充培训场所和熟练的外国工人，帮助中小企业招聘合适的学员并确保他们获得所需要的熟练工作人员。第九，年轻人住宅资金计划。该计划旨在资助年轻人获得安置住房和住房结构维修等费用，提高年轻人融入劳动力市场的机会，帮助年轻人重建和扩建住房住宅的经营者可以获得利息补贴和一次性补贴，补贴额高达总成本的35%甚至40%。第十，创办企业间培训中心。企业间培训中心主要为企业和职业学校提供培训机会，提供企业间教育培训和实践性课程，提高培训质量。此外，这些中心还为尚未提供培训的企业提供培训场所。联邦政府为合格的企业间培训中心提供资金支持。该中心为教育和培训提供咨询、信息和技术服务，配备了最先进的技术设备，并与企业紧密联系，协调应用研究和实践，同时积极开发新的技术和创新产品，成了专业领域的潮流引导者，并通过初始和持续的职业资格认证使受训者快速融入企业实践中，确保中小企业技术工人的供应。企业间培训中心在中小企业特别是商业和技术部门占有重要地位，高素质的培训师和教师有良好的技术和方法、专业知识和教学技能，对这个计划至关重要。第十一，技术行业的企业间职业培训。技术行业的企业间职业培训所设课程有助于职业培训适应新的技术和经济发展需要，确保企业提供的培训始终保持高标准。联邦经济及科技部、州政府和企业各自支付学徒培训费用的三分之一。第十二，无国界职业培训。该培训的目标是帮助中小型企业的培训学员有机会在欧盟境内工作，支持中小企业提供培训机会以应对全球市场的挑战，提高企业对年轻人的吸引力。2015 年，该计划大约提供了 13.9 万个咨询服务，主要是关于培训和就业的咨询，组织了 9 700 名学员和年轻员工外出就业。流动性顾问还安排进入德国境内的外国受训人员和年轻技术工人在德国企业实习，来自欧洲其他国家的 4 600 名学员和年轻技术工人在德国企业接受了培训，并受到流动性顾问的指导。

德国双元制职业教育体系的成功源自政府、企业、行业协会和个人或家庭等各个投资主体的共同参与，共同承担投资成本并分享相应的投资收益。政府通过提供财政资金补贴、设立专门基金等措施激发企业参与职业技能培训的积极性，消除了企业间因为培训成本负担引起的不公平竞争行为；通过对行业协会拨款促进各行业职业培训委员会发挥作用；通过引入竞争性机制提高职业培训的效率。工商联合会、行业协会等社会组织的积极参与和有效监督保证了职业技能培训的顺利开展，保证了职业技能培训的质量和标准。高效的教育链计划和培训联盟的一揽子计划实现了职业教育和技能培训对象的全覆盖，保证了技能型人才源源不断的供给。德国政府和民众对职业教育和普通教育一视同仁，职业教育的收益不低于普通教育的收益水平，一定程度上提高了技能型人才的就业稳定性，保证了企业与技能型人才间雇佣关系的稳定，这些因素共同发挥作用保证了德国双元制职业教育的成功的技能型人力资本投资积累的高水平。由于技能型人才培养的特殊性，企业在技能型人力资本投资中发挥着不可或缺的重要作用，是德国双元制职业教育体系中的核心因素，尤其在学徒培养和技能培训中承担了主要培养职责和大部分投资成本。企业对技能型人力资本的投资会带来不可避免的外部性。外部性的产生是因为一个人或企业从事某种行为对旁观者福利带来影响，这种影响既不须旁观者支付费用，又不会给旁观者带来报酬或补偿。德国双元制职业教育成功的关键在于创造了一个市场，通过综合运用政府和市场两种力量、法律法规的规范约束、行业行会监督监管以及高效的"教育链"计划和"培训联盟"的一揽子计划等多种手段，实现了企业投资技能型人力资本外部性的内在化，把企业投资的外部收益转化成为企业的自身收益，实现了企业人力资本投资成本与收益的平衡，实现了企业人力资本投资的帕累托最优，保证了企业投资技能型人力资本的积极性和个人、企业、行业乃至整个国家的技术技能水平。

第四节　德国技能型人力资本投资现状及相关问题分析

德国技能型人力资本投资和技能型人才培养也面临着一些问题，如虽然技能型人才培训对象覆盖面不断扩大，但由于人口结构变化和政策原因导致的双元制职教体系生源持续流失，技能型人才培训需求和供给数量均出现下降趋势，技能型人才培训目标分化趋势明显等。

一、技能型人才培训对象覆盖面不断扩大，但培训规模呈下降趋势

从受训者的来源看，按照联邦和地方统计局数据，获得主体中学（Hauptschule）毕业证书的学生是受训者的主要来源，比例超过40%，2009年为43%，2014年扩大到42.8%。其次是获得实科中学（Realschule）毕业证书的受训者，但比例呈现下降趋势，由2009年的33.1%降为2015年的28.1%。获得完全中学（Gymnasium）毕业证书的受训者比例最低，且呈现下降趋势，由2009年的3.5%下降为2015年的2.9%。有资格进入高等教育的受训者近年来上升较快，由2009年的20.3%上升为2015年的26.2%（图6-1）。

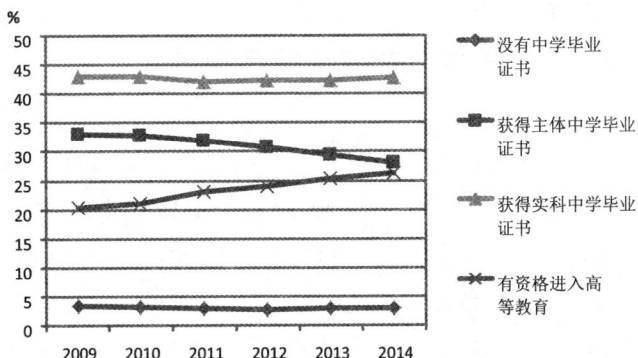

图6-1　德国职业培训学生文凭结构表

数据来源：联邦职业教育与培训研究所（BIBB），https://www.bibb.de/en/index.php；联邦劳动局（BA），https://www.arbeitsagentur.de/en

　　除此之外，德国还对妇女、老人、肄业的大学生、移民、难民开展职业教育培训。通过对移民开展培训可以提高移民就业率，在一定程度上解决德国年轻劳动力的短缺问题。德国注重对年轻移民开展技术培训，但年轻移民进入职业培训面临诸多困难，不同的信仰、受教育程度、文化差异、职业倾向等导致移民难以找到合适的培训机会，进入培训要比德国人等待的时间更长，过程也更困难，并且培训面临的高风险往往使培训不可持续，培训效果也受到周边环境和培训条件的影响。从提供培训的机构来看，提供培训的主要是学校教育和职业培训机构，专门针对移民进行培训的企业很少。向难民提供的培训数量要低于向移民提供的培训数量，提高难民的德语能力并将他们早日纳入德国的教育和培训系统，对于提高难民的培训参与率和就业率至关重要。

　　从受训者的来源看，德国人是受训者的主要来源，虽然近年来有下降趋势，但平均占比超过55%，2011年为60.3%，2014年降为56.3%。来自国外的受训者也呈现下降趋势，由2011年的35.4%降为2015年的31.3%（表6-1）。从性别上看，无论是德国国内还是国外的受训者，女性比例要高于男性。年轻女性倾向于在服务业和商业行业接受培训，男性倾向于在工业和技术行业接受培训。近年来，女性参与培训的比例总体呈现下降趋势，主要原因一方面是年轻女性可以选择其他教育培训的途径，许多年轻女性选择接受职业学校提供的培训机会，尤其是医疗、教育和社会服务行业的职业学校的培训机会。另一方面，年轻女性能够很好地完成中学教育并进入大学学习。双元制培训仍然主要由制造部门主导，一般要求2年培训时间。

表6-1　德国职业培训学生来源表

单位：%

年　份	德　国			外　国		
	合计	男	女	合计	男	女
2011	60.3	49.6	70.5	35.4	31.8	38.8
2012	59	48.6	68.9	33.7	30.9	36.3
2013	56.9	46.8	66.5	31.7	28.1	35.1
2014	56.3	46	66	31.3	28.8	33.2

　　数据来源：联邦职业教育与培训研究所（BIBB），https://www.bibb.de/en/index.php；联邦劳动局（BA），https://www.arbeitsagentur.de/en

二、技能型人才培训需求呈下降趋势

德国对技能型人力资本的投资情况可以通过培训合同签订的数量和结构予以反映。培训合同签订的数量反映了当年的培训需求与供给状况。根据《职业教育法》（简称 BBiG）对培训点数量的规定，新签订的培训合同数加上就业办公室所登记的培训数量但未被申请者申请的数量就是培训的供给量。新签订的培训合同数加上未成功签订培训合同的申请者数量就是培训的需求量。

从培训需求数量上看，1992—2015 年德国技能型人才培训需求数量经过了三个周期的波动，1992—1999 年和 2000—2007 年分别经历了先下降后上升的变化过程，2008—2015 年呈现出下降趋势，1992 年的培训需求量为 608 190 个，培训需求量的最大值出现在 1999 年，培训需求量为 660 380 个，2007 年的培训需求量为 658 546 个，2015 年达到历年最低，培训需求量仅为 542 804 个。培训供给数量同样经历了三个周期的变动，且和培训需求数量的变化相一致。1992 年可以为受训者提供 721 825 个培训机会，2014 年为历年最低，可以为受训者提供 560 302 个培训机会。

职业技能在 1992—2015 年间经历了供大于求和求大于供交替出现的过程，1996—1999 年和 2002—2007 年是求大于供的两个阶段，在这两个阶段，未能满足受训者的培训需求；其他时期能够满足受训者的培训需求（图 6-2）。在过去十年中，培训需求数量总体呈下降趋势，其中双元制申请人数已减少了 10 万，这一方面是由于近年来人口结构变化导致的中等学校毕业生的人数减少，进而使选择双元制培训的中学毕业生人数减少，另一方面是因为越来越多的年轻人在完成中等教育后选择进入大学深造。同时，自 2011 年以来，由于人口结构变化导致进入过渡系统的年轻人人数也逐渐减少，2014 年 253 000 名年轻人进入了过渡系统，2015 年为 271 000 人。根据联邦职业教育研究所（BIBB）和就业研究所（Institute for Employment Research，IAB）的预测，这些因素将导致德国的技术工人短缺，特别是有职业资格的技术工人的短缺。

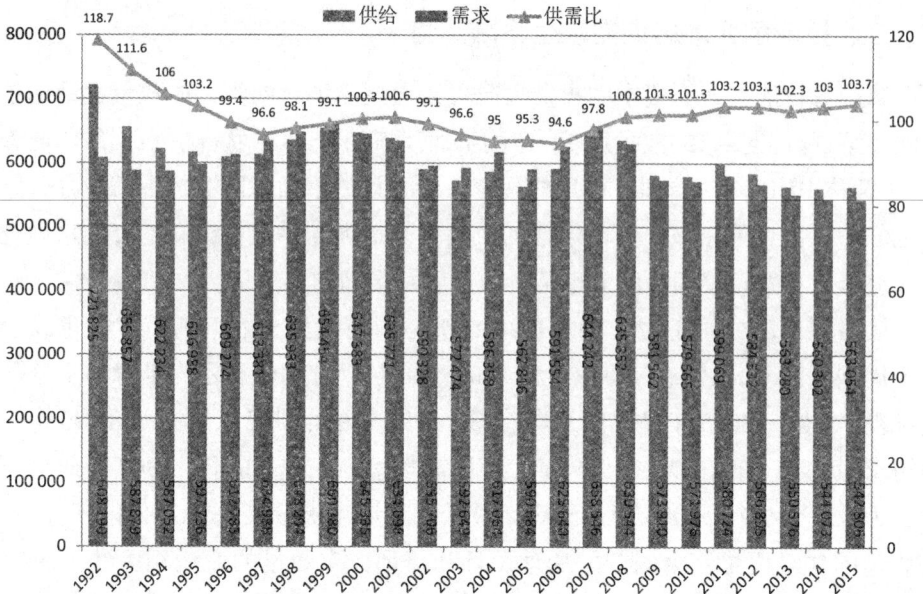

图 6-2 德国职业教育培训供求状况

数据来源：联邦职业教育与培训研究所（BIBB），https://www.bibb.de/en/index.php；联邦劳动局（BA），https://www.arbeitsagentur.de/en

三、技能型人才培训供给呈现下降趋势

根据联邦职业教育研究所（BIBB）的调查（统计年度时间区间是当年 10 月 1 日到次年 9 月 30 日），1992—2015 年间新签订的培训合同数量经历了三个周期性的变化过程，分别是 1992—1999 年和 2000—2007 年先下降后上升的变化过程和 2008—2015 年的下降过程（图 6-3）。1992 年新签订了 595 215 个培训合同，2015 年新签订了 522 094 个的培训合同。从尚未签订培训合同的岗位数量来看，1992 年最多，意味着当年还有 126 610 个培训机会没有被申请到，之后随着新签订合同数量的上升，尚未签订合同的培训数量开始下降。从未申请到培训机会的申请者人数来看，极大值分别出现在 1997 年和 2006 年，分别有 47 421 个和 49 487 个申请者未申请到培训机会，2015 年有 20 712 名申请者未得到培训机会。从长期来看，德国对培训的供给出现了下降趋势，主要的原因是企业对培训生的需求不足，企业因为自身的结构转型以及中小企业由于经济环境的恶化和成本压力无力提供培训。

未签订培训合同申请者的数量与当年的培训供给有关，也与申请培训的人数有关，这一方面是因为更多的年轻人选择接受高等教育而减少了对职业技术教育和培训的需求，另一方面则涉及培训的供求匹配问题，许多年轻人由于信息不完全或者自身问题难以找到适合自身的培训机会，他们需要到当地职业办公室或就业中心获得有关帮助。

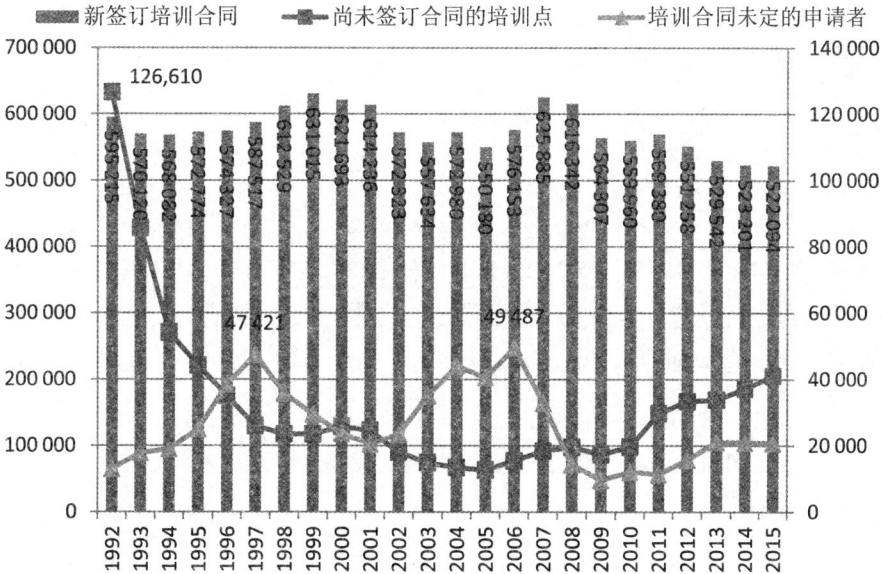

图 6-3　1992 年—2015 年德国职业教育合同签订状况

数据来源：联邦职业教育与培训研究所（BIBB），https://www.bibb.de/en/index.php；联邦劳动局（BA），https://www.arbeitsagentur.de/en

不同行业、地区的培训供给不同。如表 6-2 所示，从行业来看，不同的行业能够提供培训的数量是不同的，贸易和工业签订的培训合同占比最高，占比为59%，熟练技术贸易次之，占比为 27%，专业化服务第三，占比为 8%，其余依次是公共部门、农业、家政业和航运业。从地区来看，不同州能够提供培训的数量是不同的，其中 North-Rhine-Westphalia 签订的培训合同数量最多，为 116 772个，Bavaria 签订的合同数量次之，为 92 090 个。Saarland 最低，为 7 128 个。从行业来看，这些州各行业签订培训合同的比例与全国各行业签订培训合同的比例是一致的，这也从侧面说明德国各州产业结构较为均衡。

表6-2 德国不同地区各行业签订的培训合同

德国不同地区	行业														
		贸易和工业		熟练技术贸易		专业化服务		公共部门		农业		家政业		航运业	
	合计/个	数量/个	百分比/%	数量/个	百分比/%	数量/个	百分比/%	数量/个	百分比/%	数量/个	百分比/%	数量/个	百分比/%	数量/个	百分比/%
Baden-Württemberg	73 822	44 363	60	20 233	27	5 598	8	1 880	3	1 435	2	313	0	0	
Bavaria	92 090	53 252	58	26 329	29	8 222	9	1 859	2	2 161	2	267	0	0	
Berlin	16 539	9 632	58	3 930	24	1 887	11	816	5	213	1	61	0	0	
Brandenburg	10 405	6 007	58	2 781	27	597	6	445	4	511	5	64	1	0	
Bremen	5 797	3 816	66	1 237	21	482	8	159	3	41	1	51	1	11	0
Hamburg	13 512	9 304	69	2 542	19	1 214	9	213	2	144	1	30	0	65	1
Hessen	37 810	22 865	61	10 032	27	3 206	9	1 000	3	698	2	9	0	0	
Mecklenburg-Western-Pomerania	7 841	4 708	60	1 969	25	431	6	257	3	402	5	66	1	8	0
Lower-Saxony	54 572	29 302	54	16 812	31	4 478	8	1 418	3	2 176	4	323	0	63	0
North-Rhine-Westphalia	116 772	71 418	61	28 852	25	10 783	9	2 843	2	2 431	2	445	0	0	
Rhineland-Palatinate	26 238	14 315	55	8 247	31	2 155	8	625	2	724	3	172	1	0	
Saarland	7 128	4 315	61	2 035	29	482	7	105	2	155	2	36	1	0	
Saxony	18 544	11 266	61	4 896	26	900	5	609	3	733	4	140	1	0	
Saxony-Anhalt	10 643	6 713	63	2 679	25	394	4	292	3	462	4	103	1	0	
Schleswig-Holstein	20 197	10 545	52	6 416	32	1 809	9	515	3	834	4	56	0	22	0
Thuringia	10 184	6 424	63	2 522	25	415	4	247	2	449	4	127	1	0	
西部	447 938	263 495	59	122 735	27	38 429	9	10 617	2	10 799	2	1 702	0	161	0
东部	74 156	44 750	60	18 777	25	4 624	6	2 666	4	2 770	4	561	1	8	0
全国	522 094	308 245	59	141 512	27	43 053	8	13 283	3	13 569	3	2 263	0	169	0

数据来源：联邦职业教育与培训研究所（BIBB），https://www.bibb.de/en/index.php；联邦劳动局（BA），https://www.arbeitsagentur.de/en

从分地区历年数据来看，德国在贸易和工业部门签订的培训合同最多，介于32万至35万个之间，其次是熟练技术贸易部门，介于14万至15.2万个之间，公共部门和农业部门的培训合同数相仿，介于1.2万至1.4万个之间（图6-4）。西部、东部地区签订的培训合同与全国结构一致，值得注意的是，东部签订培训合同数量最多的贸易和工业部门所签订的培训合同数仅和西部其他部门签订的培训合同数量相仿，这从侧面说明了德国东西部的差异。

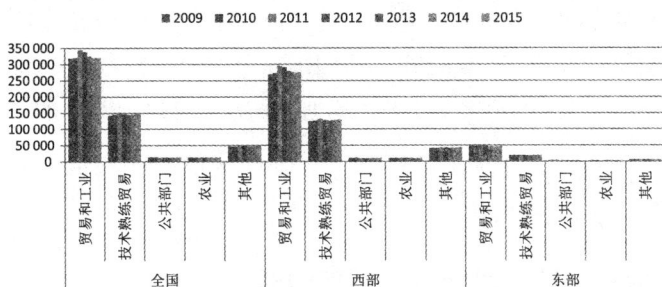

图 6-4　2009—2015 年不同部门培训合同签订数量

数据来源：联邦职业教育与培训研究所（BIBB），https://www.bibb.de/en/index.php；联邦劳动局（BA），https://www.arbeitsagentur.de/en

按照培训是否来自企业进行划分，可以分为企业内部培训和非企业培训。对比来看，2009—2015 年间，德国企业内部签订的合同是占主导的，有 91% 以上的培训合同由申请者和企业签订，并且由 2009 年的 91.88% 上升为 2015 年的 96.3%，但是签订培训合同的数量是下降的，由 2009 年的 518 506 个降为 2015 年的 503 229 个。非企业培训占的比例很小，同时呈现递减趋势，由 2009 年的 8.12% 降为 2015 年的 3.61%，签订培训合同的数量由 2009 年的 45 801 个降为 2015 年的 18 865 个（图 6-5）。

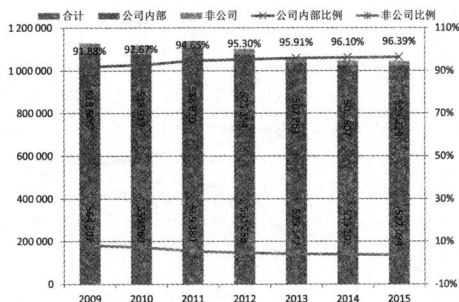

图 6-5　2009—2015 年全国培训合同来源数量和比例

数据来源：联邦职业教育与培训研究所（BIBB），https://www.bibb.de/en/index.php；联邦劳动局（BA），https://www.arbeitsagentur.de/en

从各州来看（附录1），基本上各州均是企业培训占主导，2010—2015年，企业培训占总体培训平均比例达到85%～90%的州包括Berlin、Brandenburg、Mecklenburg-Western-Pomerania、Saxony、Saxony-Anhalt；企业培训占总体培训平均比例达到90%～95%的州包括Bremen、Hamburg、Hessen、Saarland、Thuringia；企业培训占总体培训平均比例达到95%以上的州包括Baden-Württemberg、Bavaria、Lower-Saxony、North-Rhine-Westphalia、Rhineland-Palatinate、Schleswig-Holstein。

四、技能型人才培训目标分化趋势明显

图6-6展示了接受培训的学生的个人发展目标，可以发现以职业培训为目标的学生最多，2005—2015年11年间平均占比为37.34%，但是呈现下降趋势，由2005年的739 168人降为2015年的694 198人，与2005年相比，2015下降到2005年的93.92%。以获得高等教育入学资格为目标的学生人数位居第二，11年间平均占比25.11%，并且呈现上升趋势，由2005年的454 423人增加为2015年的528157人，与2005年相比，2015增加为2005年的116.23%。以进入过渡系统为目标的学生人数位居第三，11年间平均占比16.06%，并且呈现下降趋势，由2005年的417 649人减少为2015年的270 783人，与2005年相比，2015降低为2005年的64.84%。以进入第三产业为目标的学生人数位居第四，11年间平均占比22.21%，并且呈现上升趋势，由2005年的366 242人增加为2015年的508 989人，与2005年相比，2015增加到2005年的138.98%。

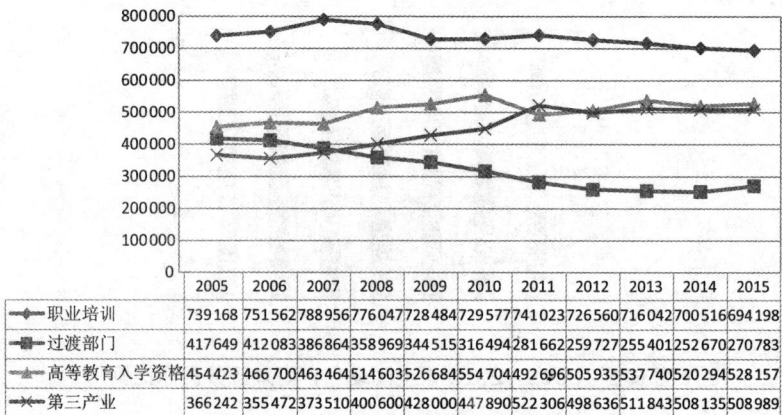

	2005	2006	2007	2008	2009	2010	2011	2012	2013	2014	2015
职业培训	739168	751562	788956	776047	728484	729577	741023	726560	716042	700516	694198
过渡部门	417649	412083	386864	358969	344515	316494	281662	259727	255401	252670	270783
高等教育入学资格	454423	466700	463464	514603	526684	554704	492696	505935	537740	520294	528157
第三产业	366242	355472	373510	400600	428000	447890	522306	498636	511843	508135	508989

(a)

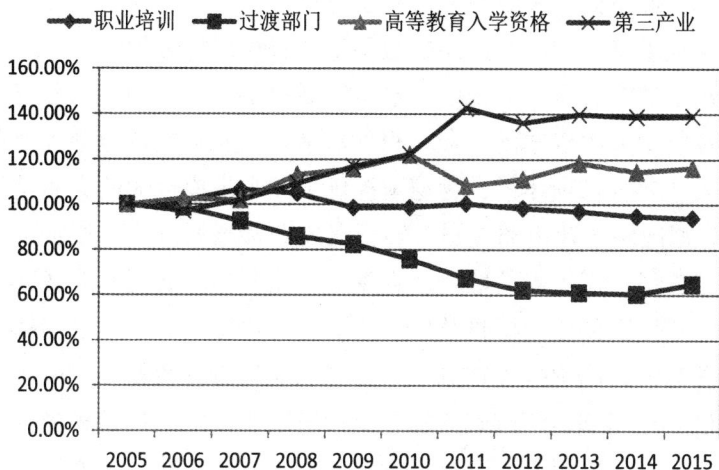

(b)

图 6-6　职业教育培训学生的发展目标

数据来源：联邦职业教育与培训研究所（BIBB），https://www.bibb.de/en/index.php；联邦劳动局（BA），https://www.arbeitsagentur.de/en

第五节　德国技能型人力资本投资的启示

德国制造业的发展是一个由弱变强和持续转型升级发展的过程。"德国制造"是一个有机联系的产业链和综合经济体系，其成长和发展是多方面因素综合发挥作用的结果。[1] 例如，德国统一和相关法律政策的不断完善促进了市场作用的充分发挥，为德国制造业的发展开拓了市场空间；德国全方位教育体系积累了大量的人才和技术，大量的发明创造和技术创新为德国制造业的发展提供了持续驱动力[2]；德国制造业普遍高度重视产品质量，精心打造并精心维护"德国制造"品

---

[1] 巫云仙 . "德国制造"模式：特点、成因和发展趋势 [J]. 政治经济学评论，2013（3）：144-166.

[2] 巫云仙 . "德国制造"模式：特点、成因和发展趋势 [J]. 政治经济学评论，2013（3）：144-166.

牌；德国注重通过不同政策组合推动制造业有序发展，重视中小企业发展，中小企业的发展保证了德国制造业产品的主要生产者和出口者地位；德国完善的社会保障体系推动了社会公平，为德国制造业发展提供了良好的社会环境。此外，德国的较高的技能型人力资本的投资和积累水平，多元化的技能型人力资本投资体系和技能型人才教育培训体系，为德国提供了一支规模庞大的高质量的技能型人才队伍[1]，为德国制造业由弱变强、转型发展和德国经济腾飞奠定了基础。德国技能型人才培养得益于完善的职业教育系统，尤其是双元制职业教育体系。德国双元制职业教育体系的成功源自政府、企业、行业协会和个人或家庭等各个投资主体的共同参与，共同承担投资成本并分享相应的投资收益。政府通过提供财政资金补贴、设立专门基金等措施激发企业参与职业技能培训的积极性，消除了企业间因为培训成本负担引起的不公平竞争；通过对行业协会拨款促进各行业职业培训委员会发挥作用；通过引入竞争性机制提高职业培训的效率。社会组织如工商联合会、行业协会等社会组织的积极参与和有效监督保证了职业技能培训的顺利开展，保证了职业技能培训的质量和标准。高效的教育链计划和培训联盟的一揽子计划实现了职业教育和技能培训对象的全覆盖，保证了技能型人才源源不断的供给。德国政府和民众对职业教育和普通教育一视同仁，职业教育的收益不低于普通教育的收益水平，一定程度上提高了技能型人才的就业稳定性，保证了企业与技能型人才间雇佣关系的稳定，这些因素共同发挥作用保证了德国双元制职业教育的成功和技能型人力资本投资积累的高水平。由于技能型人才培养的特殊性，企业在技能型人力资本投资中发挥着不可或缺的重要作用，是德国双元制职业教育体系中的核心因素，尤其在学徒培养和技能培训中承担了主要培养职责和大部分投资成本。企业对技能型人力资本的投资会带来不可避免的外部性。外部性的产生是因为一个人或企业从事某种行为对旁观者福利带来影响，这种影响即不须旁观者支付费用也不会给旁观者带来报酬或补偿。[2]德国双元制职业教育成功的关键在于创造了一个市场，通过综合运用政府和市场两种力量、法律法规的规范约束、行业行会监督监管以及高效的"教育链"计划和"培训联盟"的一揽子计划等多种手段，实现了企业投资技能型人力资本外部性的内在化，把企业投资的外部收益转化成为企业的自身收益，实现了企业人力资本投资成本与收益的

① 张彦文.外部性视角下的德国现代学徒制研究[J].现代管理科学，2017（4）：106-109.
② 张彦文.外部性视角下的德国现代学徒制研究[J].现代管理科学，2017（4）：106-109.

平衡[①]，实现了企业人力资本投资的帕累托最优，保证了企业投资技能型人力资本的积极性和个人、企业、行业乃至整个国家的技术技能水平。不过，德国技能型人力资本投资和技能型人才培养也面临着一些问题，如虽然技能型人才培训对象覆盖面不断扩大，但由于人口结构变化和政策原因导致的双元制职教体系生源持续流失，技能型人才培训需求和供给数量均出现下降趋势，技能型人才培训目标分化趋势明显等。此外，由于科技发展、企业转型以及企业培训成本等因素，企业参与技能型人力资本投资的积极性也有所下降。为此，德国政府和社会各界也分别采取了相应措施，保证技能型人才培养和德国制造业的健康发展。

德国制造业的发展历程以及技能型人力资本投资和技能型人才培养的经验教训为我们提供了许多有益借鉴。

一是要构建技能型人力资本多元投资体制，拓展技能型人力资本投资渠道，构建政府、企业、家庭以及社会四位一体的人力资本投资成本分担机制和利益共享机制，加大技能型人力资本投资力度，提高技能型人才供给的数量和质量，改善技能型人才结构。

二是激发企业投资技能型人力资本的积极性。首先，进一步修改完善《中华人民共和国职业教育法》，明确规定企业参与职业技能培训的社会责任，确立其主体性地位。其次，加大支持力度，在资金支持上，要通过减免企业税收鼓励企业开展技能型人力资本投资，尝试采取"教育券"的方式对企业进行绩效激励，为企业聘用实践经验丰富的培训专家提供部分费用。再次，国家相关管理部门严格评估技能型人才学习过程、效果，使优秀企业享有专项补贴和荣誉激励，激发企业的责任感、荣誉感。最后，要继续加大力度推进现代学徒制，筛选学徒制试点合作企业，将真正愿意培养技能型人才的企业作为试点企业，企业要拥有一定规模、知名度、良好的师资配备以及较强的科研力量和培训能力，能够全程参与技能型人才的招生、教育、教学、考核和就业等环节。[②]

三是不断创新技能型人才培养模式。打破人才培养单一模式，积极推动大企业选派优秀技能人才帮扶中小企业提升技术技能水平，充分发挥老技工、老师傅在技术技能传承中的重要作用。为了保证技能型人才的培养质量和未来的就业水平，尝试在学徒制试点专业采取"学历＋学徒证书＋技能证书"和"学历＋技能

① 张彦文.外部性视角下的德国现代学徒制研究[J].现代管理科学，2017（4）：106-109.
② BIERMANN H. China's vocational education system facing the twenty-first century[J]. International Journal of Sociology,1999, 29 (1): 21-41.

证书"发证模式，尝试企业参与职业技能鉴定工作甚至授权企业颁发职业资格证书，提高企业参与职业技能培训和培养技能型人才的积极性。采取有效措施防止参与学徒制培训的学生培训不积极和随意跳槽现象的发生，降低学生随意流动对企业带来的不利影响，在技能型人才培养过程中要将职业技能提升和职业道德素养提升并重，引导劳资双方建立相对稳定的劳动雇佣关系。促使校企合作共同编制人才培养方案，通过产学联盟培养技能型人才。职业院校的专业设置突出地域性和行业性，要保证专业实习和实训课时，创新教学手段和考核办法，打造"双师型"专业教师队伍，完善教师选拔、准入和培训制度，保证技能型人力资本投资与企业的发展目标的统一。同时，要加大职业技能培训基地建设，尤其要加大面向中小企业的技能培训基地的建设力度。

四是构建国家统一的职业资格框架。制定相关制度政策，明确技能型人才培训的学时、学习场所、教学内容、培训规范和考核标准，建立全国统一的职业资格标准体系，保证技能培训的教学内容、培训方式、培训过程和培训标准有章可循，有据可依，职业技能考核评价过程要客观、公正、规范。政府有关职能部门或者行业协会等社会组织有效监督管理企业的技能培训行为，有效约束规范企业的培训行为，保证企业技能型人才培养质量，保障各方利益。①

五是严格进行职业资格鉴定。人力资源和社会保障部要严格控制国家职业资格证书的颁发率，严格发证环节，确保鉴定质量，提高职业资格鉴定的权威性，对不合规的鉴定和发证项目要予以清理，保证职业技能资格证书的含金量，提高职业技能资格证书的社会认可度，保证技能型人才的技能价值。

六是放宽招生录取限制。目前职业技术教育招生和普通高校招生模式基本一样，以学业水平测试为主，不利于扩大技能型人才培养的生源。积极探索放开对招生对象的限制、扩大招生对象范围的办法，探索面向企业事业单位的职工、高中毕业生和农民工等的招生办法，同时要改变"唯成绩论"的局面，职业教育招生要重点考察学生的诚实肯干、吃苦耐劳精神以及技能倾向和职业意愿等，为技能型人才培养奠定生源基础。

七是打通技能型人才学历上升通道。要改变目前职业教育止步于大专层面的现状，探索技能型人才获得本科教育甚至研究生教育的通道和方式，实现职业教育模式混搭，彻底解决职业技术院校、学徒制招生和技能型人才培养的学历瓶颈问题。

① 张彦文.外部性视角下的德国现代学徒制研究[J].现代管理科学，2017（4）：106-109.

第七章　结论与建议

第一节　结论

通过研究，本书得到如下结论。

一是技能型人力资本投资能够提升各国人均 GDP 和人均制造业产值。根据世界就业技能指标数据库，我国技能型人力资本投资积累水平不足，技能型人才创造的人均 GDP 不高。通过对比发现，中国制造业生产工人数量处于世界首位，但是技术工人比例较低，非技术工人比例较高，技能型人才结构和人才质量同发达国家相比差距巨大，一定程度上导致我国制造业大而不强，缺乏足够的国际竞争力。这表明我国技能型人力资本投资不足，技能型人才尤其是高技能人才紧缺，技能型人力资本结构不合理，技能型人力资本积累没有满足制造业的人才需求，不利于我国制造业的转型升级。造成这一问题的原因很多，主要是由于技能型人才培养经费投入不足、人才培养制度建设滞后、企业对技能型人才重使用轻培养、职业院校及其毕业生受到歧视以及对职业教育思想认识不够等。为此，我国亟须提高技能型人力资本投资水平，提高技能型人才数量和质量，改善技能型人才结构，为制造业转型升级提供人才支持。

二是为了解不同转型升级路径下技能型人力资本投资对企业生产效率、企业纯技术效率和企业规模效率的影响，本研究通过 Tobit 模型对世界银行《2012 年中国企业调查》数据进行定量分析。通过分析，得到以下基本结论。第一，不同转型升级路径下技能型人力资本投资对企业生产效率、纯技术效率和规模效率的影响不同，绝大多数转型升级路径对企业生产效率、纯技术效率和规模效率的影响不显著。新产品和新服务开发企业对纯技术效率产生显著的正向影响，若采用新产品和新服务开发作为企业转型升级手段，可以使企业纯技术效率提高 5%。

降低成本在 1% 的显著性水平上正向影响规模效率，即若采用降低成本作为企业转型升级手段，可以使企业规模效率提高 1.5%。第二，企业中技术人员所占的比例和获得培训的工人比例对企业纯技术效率有显著正向影响。第三，电脑使用比例和政策稳定性对企业生产效率有显著正向影响，企业是否为分公司、企业类型、企业是否借助网络销售、企业是否开展研发活动以及许可证办理难对企业生产效率有显著的负向影响。第四，工人的受教育年限、企业是否参与质量认证、国内销售比例、企业是否开展研发活动和电脑使用比例对企业纯技术效率有正向影响，初中以上学历的工人比例、企业规模、企业类型以及许可证办理难度对企业纯技术效率有负向影响。第五，公司年龄、企业领导者性别和电脑使用比例对企业规模效率有正向影响，是否是分公司、企业类型、企业是否参与质量认证、企业是否借助网络销售以及企业是否开展研发活动对企业规模效率有负向影响。

　　该研究结果对于当前我国企业转型升级和技能型人力资本投资有四点启示。第一，要以创新为核心，不断开发新产品和新服务，迎接数字经济和知识经济带来的挑战，获得相应市场份额，增强企业的核心竞争力。第二，要着力降低企业各类成本，受市场用工成本制约，企业基本上不可能通过减薪降低劳动力成本，因此需要降低其他成本，具体包括降低税收成本、原料成本、制造费用、销售费用等，国家要对转型升级的企业给予技改专项资金、科技专项资金以及低息融资等优惠，探索企业开展技能培训的财政补贴机制。企业也要根据产业升级的需要，重构企业组织结构管理制度等，千方百计降低成本。第三，为了提高企业纯技术效率，要不遗余力地提高企业技能型人才的比例，改善技能型人才结构，通过大力推进学徒制，提升技能型人才待遇以及完善激励机制等手段吸引更多的劳动力参加培训，学习新知识，了解新技术，掌握新技能。第四，要加强高级技能人才、专业人才等的培养，不仅要加强对技能型人才新技术和新知识的培训，还要不断提升技能型人才的计算机运用能力和信息化处理水平。通过整合财政资金，选择各行业中设施设备先进、技术人员水平高、管理规范且又开工不足的企业作为高级技工培养基地，提高技能培训质量。

　　三是本文通过对技能型人力资本投资与制造业转型升级技能型人才需求匹配的相关性研究，发现就技能型人才的短缺程度而言，培训计划、培训基地、培训投入成本降低技能型人才短缺程度，中级以上技能型人才比例对企业技能型人才的短缺程度的影响不显著；对技能型人才的价值创造而言，培训计划、培训基地和培训投入成本对技能型人才的价值创造有显著正向影响，而中级以上技能型人才比例对技能型人才的价值创造有显著负向影响。另外，企业产值越高，越能降低技能型人才的短缺程度；企业的所有权从国有、集体到民营变化的过程中，技能型人才的短缺程度是递减的；企业如果是高新技术企业，将增加技能型人才的短缺程度；企业取得专利件数越多，对能够转化技术成果的技能型人才需求越大，技能型人才短缺程度越高；能提供养老保障会显著增加技能型人才的短缺程度。

四是技能型人力资本投资具有有限的非排他性和非竞争性的特征，因此应被划分为准公共产品，政府、企业以及个人或者家庭都是技能型人力资本投资的主体，必须构建有效激励机制，推动政府、企业以及个人或者家庭共同承担技能型人力资本的投资责任并获得相应的投资收益。政府在技能型人力资本投资中应该坚持主导作用，加大投入水平，着力提高职业技术教育支出水平。同时应加强企业投资技能型人力资本的激励机制建设，通过设计更好的机制来避免企业短视行为，综合运用政府和市场两种力量，实现人力资本投资者从个体最优角度进行投资决策时能够同时达到集体或社会层面上的最优，从而实现企业投资技能型人力资本外部性的内在化，达到人力资本投资的帕累托最优[①]，从根本上保证企业投资技能型人力资本的积极性。个人或家庭要改变传统观念，立足实际，着眼长远，对技能型人力资本的投资决策要回归理性。此外，应该鼓励技能型人力资本投资主体的多元化发展，鼓励个人投资和社会力量投资办学，推动各个主体之间的配合，推进校企合作办学。

五是德国制造业由弱到强及其持续转型升级的发展历程和德国技能型人力资本投资尤其是双元制职业教育体系的成功经验带给我们诸多启示，对推动提升我国技能型人力资本投资积累水平，加大技能型人才培养力度，推动我国制造业转型升级具有很好的借鉴意义。

第二节　建议

技能型人力资本投资和技能型人才的培养不是一朝一夕之事，而是长期的、系统性的工程，需要在人才培养制度、人才培养政策和环境以及机制建设等诸多方面深入探索。

---

① 张彦文.外部性视角下的德国现代学徒制研究[J].现代管理科学,2017（4）：106-109.

一、构建技能型人力资本多元投资体制，拓展技能型人力资本投资渠道

构建技能型人力资本多元投资体制，拓展技能型人力资本投资渠道，按照财政支持、校企合作、企业运作、行业协会指导考核、政府全程监管的原则，构建政府、企业、个人或家庭以及社会组织四位一体的人力资本投资成本分担和利益共享机制，提高技能型人力资本投资水平，提高技能型人才供给的数量和质量，改善技能型人才结构。

一是政府要制定技能型人才发展规划，支持技能型人才培养，并将技能型人才培养纳入地方政府考核指标体系，出台相关政策和法律，强化诚信机制的建设，全面监管职业教育、技能培训和行业协会行为。中央政府和地方各级政府要完善经费投入机制，加大职业技术教育的财政投入力度，提高生均拨款标准，加强职业技术教育经费监管力度。加大项目整合力度，整合财政资金，选择一批设备先进、技术水平高、制度规范、对投资技能型人力资本有强烈意愿的企业作为技能型人才培养基地，补贴技能型人才培训费用，并给予这些企业相应的税收减免。各级党委和政府要高度重视技能型人才队伍建设，引导社会消除对职业技术教育的偏见，提高技能型人才的经济和社会地位，要鼓励家庭增加技能型人力资本投资，完善资助政策体系，提高职业技术院校助学金覆盖面和补助标准，加大对技能型人才的助学力度。要继续实施国家高技能人才振兴计划、农民工职业技能提升计划"春潮行动"、青年技能就业培训工程和百城技能振兴专项活动等有助于技能型人才培养的项目。

二是激发企业投资技能型人力资本的积极性。由于市场失灵的存在，单纯依靠市场力量无法解决技能型人力资本投资的外部性。无论是从经济学理论还是实践经验来看，要提升企业投资技能型人才培训的积极性，就必须综合运用政府和市场两种力量，实现人力资本投资者从个体最优角度实施投资决策时能够同时达到集体或社会层面上的最优，从而实现企业投资技能培训外部性的内在化，达到企业人力资本投资的帕累托最优，激励企业放眼长远，制定技能型人力资本投资长期战略，提高技能型人力资本投资积累水平，为企业转型升级奠定人才基础。

三是个人或家庭要改变传统观念，从长远出发，根据自身情况，加大对技能型人力资本的投资。通过提高技能型人才待遇、社会地位和职业荣誉感，形成全社会尊重技能型人才的良好氛围，崇尚精益求精的工匠精神，扭转全社会固有的求学、择业、成才观念。同时，企业要制定与技能水平相匹配的薪酬、福利、晋

升制度，将技能型人才和专业技术人员同等对待，在工资、保险、福利等待遇方面一视同仁，打通高技能人才与工程技术人才之间的成长通道。其次，要重视技能人才在技术攻坚和改造中的贡献，技能贡献要参与分配，并将经济效益的一部分用于奖励技能型人才。再次，要多途径利用政府关于技能型人才的倾斜政策，提供多层次、多形式的技能培训，鼓励和支持职工学习新知识、新技术和新技能。此外，还要加大对职业技术教育的财政投入和设置各种奖励制度，降低职业技术教育家庭投资成本，使家庭愿意投资技能型人力资本。

四是职业技术院校要以就业为导向，紧紧把握制造业转型升级发展方向和地区性企业人才需求特点，以提高职业技能、就业能力和创业能力为目标，大力提升教育教学质量，提高人才培养质量，主动适应劳动力市场人才需求。同时，在学生职业技能和职业道德培养上加大力度，要分类别多层次培养技能型人才，那些规模大、技术先进、管理规范、制度健全的高等职业院校应致力于培养高级技能人才，培养技术技能精英；那些规模相对较小、教育培训水平相对较低的职业技术院校应致力于培养一般技工，并提高其就业能力。

五是行业协会组织技能考试并对企业技能培训情况开展资格审查、培训师资审查、课程审查以及开展职业技能培训鉴定等，由财政支付相关费用。利用大数据技术，建立技能型人才数据库，动态搜集和分析技能型人才的能力提升、工作状况以及企业的培训等信息，为制造业转型升级人才需求提供有效的信息支持，为技能型人才引进和交流搭建服务平台，促进技能型人力资本的合理配置。

二、不断创新技能型人才培养模式，大力推进现代学徒制

一是要不断创新技能型人才培养模式，打破人才培养单一模式，积极推动大企业选派优秀技能人才帮扶中小企业提升技术技能水平，充分发挥老技工、老师傅在技术技能传承中的重要作用。提升职业教育的师资力量，大力推广"双导师"培养培训机制，推动教师、企业高工双向挂职锻炼。大力提升企业提供培训的意愿，除了给企业相应补贴外，还需要降低企业运行成本，如适当降低社保缴费水平、进一步落实岗位补贴和职工培训补贴政策等。企业培养技能型人才要与各级职业技术院校紧密结合，探索有效路径，实现校企深度融合，协同发展。此外，还要推动国际高级技能型人才交流，鼓励选派优秀技能人才到制造业发达国家学习深造，鼓励经济发达地区的企业引进海内外尤其是德国、英国、日本以及其他发达国家的高级技能人才，政府相关部门要搭建好平台、做好中介，参照高层次

人才引进计划给予资助。

二是要进一步推动校企合作，产教融合，继续加大力度推进现代学徒制，挑选一批有一定规模、知名度高、师资配备良好、科研力量和培训能力较强的优秀企业作为现代学徒制的试点企业，试点企业要能够全程参与技能型人才的招生、教育、教学、考核和就业等各个环节，对开展现代学徒制的试点企业要给予一定的资金支持和政策扶持，鼓励校企双方共同参与，结合企业自身的经营状况、装备情况和学校的师资配备、实训条件，在专业教学、课程设置、培训岗位、企业师傅选配以及教学培训质量监控等方面建立富有成效的合作。除此之外，为了保证技能型人才的培养质量和未来的就业水平，尝试在学徒制试点专业实行"学历＋学徒证书＋技能证书"和"学历＋技能证书"发证模式，尝试让企业参与职业技能鉴定工作甚至授权企业颁发职业资格证书，提高企业参与职业技能培训和培养技能型人才的积极性。采取有效措施防止通过学徒制培养的学生培训不积极和随意跳槽现象的发生，降低学生随意流动对企业带来的不利影响，在技能型人才培养过程中要将职业技能提升和职业道德素养提升并重，引导劳资双方建立相对稳定的劳动雇佣关系，降低因为人才流动给企业带来的额外成本。

三、放宽招生录取限制，打通技能型人才学历上升通道

一是放宽招生录取限制。目前职业技术教育招生模式和普通高校招生模式基本一样，以学业水平测试为主，不利于扩大技能型人才培养的生源。积极探索放开招生对象限制、扩大招生对象范围的办法，探索面向企业事业单位的职工、高中毕业生和农民工等的招生办法，同时要改变"唯成绩论"的局面，职业教育招生要重点考察学生的诚实肯干、吃苦耐劳精神以及技能倾向和职业意愿等，为技能型人才培养奠定生源基础。

二是打通技能型人才学历上升通道。要改变目前职业教育止步于大专层面的现状，探索技能型人才获得本科教育的方式，可以通过专转本、专接本方式进入普通本科高校甚至攻读研究生学历，实现职业教育模式混搭，彻底解决职业技术院校、学徒制招生和技能型人才培养的学历瓶颈问题。

四、完善健全技能人才评价体系，严格职业资格鉴定

一是要构建国家统一的职业资格框架。制定相关制度政策，明确技能型人才培训的学时、学习场所、教学内容、培训规范和考核标准，建立全国统一的职业

资格标准体系，保证技能培训的教学内容、培训方式、培训过程和培训标准有章可循，有据可依。职业技能考核评价过程要客观、公正、规范。政府有关职能部门或者行业协会等社会组织有效监督管理企业的技能培训行为，有效约束规范企业的培训行为，保证企业培训质量和技能型人才培养质量，保障各方利益。

二是要严格开展职业资格鉴定工作。推动企业、职业院校和行业协会共同协作，提高技能人才评价认证的权威性和公信力。人力资源和社会保障部要严格控制国家职业资格证书的颁发率，严格管理发证环节，确保鉴定质量，提高职业资格鉴定的权威性，对不合规的鉴定和发证项目要予以清理，保证职业技能资格证书的含金量，提高职业技能资格证书的社会认可度，保证技能型人才的技能价值获得认可。

三是要制定关键技术岗位技能型人才专门政策，完善技能人才评选表彰制度，加大奖励力度。政府、企业以及社会要全方位对技能型人才开展表彰奖励活动。定期开展岗位练兵和技术比武活动，鼓励技能型人才参加全国乃至世界技能大赛，对在世界、全国职业技能竞赛中脱颖而出的优秀技能型人才要相应地提高其待遇。加大与国外职业技能培训机构的交流与合作，大力引进海内外高级技工人才，并为优秀技能型人才提供出国深造的机会。

参考文献

英文参考文献

[1] ACEMOGLU D. A microfoundation for social increasing returns in human capital accumulation[J]. The *Quarterly Journal of Economics*, 1996, 111(3):779-804.

[2] ACEMOGLU D. Why do new technologies complement skills? Directed technical change and wage inequality[J]. The *Quarterly Journal of Economics*, 1998, 113(4): 1055-1089.

[3] ANDERSON J R. *The architecture of cognition*[M]. Cambridge, MA: Harvard University Press,1983.

[4] ARROW K J. The economic implications of learning-by-doing[J]. *Review of Economic Studies*, 1971, 29(3): 155-173.

[5] ÅSTBRO T, BERNHARDT I The winner' s curse of human capital[J]. *Small Business Economics*, 2005, 24(1):63-78.

[6] BALLOT G, FAKHFAKH F, TAYMAZ E. Firms' human capital, R&D and performance: A study on French and Swedish firms[J]. *Labour economics*, 2001, 8(4):443-462.

[7] BANKER R D, CHARNES A, COOPER W W. Some models for estimating technical and scale inefficiencies in data envelopment analysis[J]. *Management science*, 1984, 30(9):1078-1092.

[8] BECKER G. S LEWIS H G. On the interaction between the quantity and quality of Children[J]. *Journal of Political Economy*, 1973, 81(2): 279-288.

[9] BECKER G S. *Human capital(2nd)*[M]. Chicago: The University of Chicago Press,

1975.

[10] BECKER G. S. *Human capital: A theoretical and empirical analysis, with special reference to education*[M]. Chicago: The University of Chicago Press, 1994.

[11] BECKER G. S. Investment in human Capital: A theoretical analysis[J]. *Journal of Political Economy*, 1962, 70(5):9-49.

[12] BILODEAU E A, BILODEAU, I M. Motor-Skills Learning[J]. *Annual Review of Psychology*, 1961, 12(1): 243-280.

[13] BRAVERMAN H. *Labor and monopoly capital: The degradation of work in the twentieth century*[M]. New York: Monthly Review Press, 1974.

[14] BROWN A W, ADAMS J D, AMJAD A A. The relationship between human capital and time performance in project management: A path analysis[J]. *International Journal of Project Management*, 2006, 25(1): 77-89.

[15] CANTOR L M. *Vocational education and training in the developed world: A comparative study*[M]. *London:* Taylor & Francis, 1979.

[16] CHANARON J J, PERRIN J. Science,technology and work Organization[J]. *International Journal of Technology Management*, 1987, 2(3-4): 377-389.

[17] CHARNES A, COOPER W W, RHODES E. Measuring the efficiency of decision making units[J]. *European journal of operational research*, 1978, 2(6): 429-444.

[18] PANTZALIS C , PARK J C. Equity market valuation of human capital and stock returns[J]. *Journal of Banking and Finance*, 2009, 33(9): 1610-1623.

[19] CICCONE A, PAPAIOANNOU E. Human capital, the structure of production, and growth[J]. *The Review of Economics and Statistics*, 2009, 91(1): 66-82.

[20] DENISON E F. *Accounting for United States economic growth, 1929-1969*[M]. Washington. D.C: The Bookings Institution, 1974.

[21] ERNST D. Catching-up, crisis and industrial upgrading, evolutionary aspects of technological learning in Korea' s electronics industry[J]. *Asia Pacific Journal of Management*, 1998, 15(2): 247-283.

[22] FISHER I. *The nature of capital and income*[M]. New York: Augustus M. Kelley Publisher, 1965.

[23] FRANK A G. Is human capital a good deal? do we know it when we see It?[J]. *Economic and Political Weekly*, 2005, 40(19): 2006-2007.

[24] GALUNIC D C, ANDERSON E. From security to mobility: Generalized investments

in human capital and agent commitment[J]. *Organization Science*, 2000, 11(1): 1-20.

[25] GEREFFI G. International trade and industrial upgrading in the apparel commodity chain[J]. *Journal of International Economics,* 1999, 48(1):37-70.

[26] GIBBONS R, WALDMAN M. Task-specific human capital[J]. *American Economic Review*, 2004, 94(2): 203-207.

[27] GUGLIELIEMINO P J. Developing the top-level executive for the 1980's and beyond[J]. *Training and Development Journal*, 1979,33(4): 12-14.

[28] HECKMAN J J. China's investment in human capital[J]. *Economic Development and Cultural Change*, 2003, 51(4): 133-176.

[29] BIERMANN H. China's Vocational education system facing the twenty-first century[J]. *International journal of sociology*, 1999, 29(1): 21-41.

[30] HUMPHREY J, SCHMITZ H. How does insertion in global value chains affect upgrading industrial dusters?[J]. *Regional Studies*, 2002, 36(9): 1017-1027.

[31] IANNELLI C, RAFFE D. Vocational upper-secondary education and the transition from school[J]. *European Sociological Review*, 2007, 23(1), 15.

[32] IDRISS C M. Challcngc and change in the german vocational system since 1990[J]. *Oxford Review of Education*, 2002, 28(4): 473-490.

[33] IRARRAZABAL A, MOXNES A, ULLTVEIT-MOE K H. Heterogeneous firms or heterogeneous workers? Implications for exporter premiums and the gains from trade[J]. *Review of Economics and Statistics*, 2013,95(3): 839-849.

[34] JACOBS B, WIJNBERGEN S J G V. Capital market failure, adverse selection, and equity financing of higher education[J]. FinanzArchiv/Public Finance Anglysis , 2007 63(1): 1-32.

[35] PENNINGS J M, LEE K, WITTELOOSTUIJIN A V. Human capital, social capital and firm dissolution[J]. *The Academy of Management Journal*, 2007, 41(4): 425-440.

[36] JONES B F. *The knowledge trap: Human capital and development reconsidered*[M]. Cambridge, MA : National Bureau of Economic Research, 2008.

[37] JORGENSON D W, FRAUMENI B. M. Investment in education and U.S. economic growth[J]. *Scandinavian Journal of Economics*, 1992, 94: 51-70.

[38] KAPLINSKY R. Globalization and unequalisation: What can be learned from value chain analysis?[J]. *Journal of Development Studies*, 2000,37(2): 117-146.

[39] KATZ R L. Skills of an effective administrator[J]. *Harvard Business Review*, 1955,

33(1):33-42.

[40] KAWAMOTO K. Preferences for education status, human capital accumulation, and growth[J]. *Journal of Economics*, 2007, 91(1): 41-67.

[41] REED K K, SRINIVASAN N, Doty D H. Adapting human and social capital to impact performance: Some empirical findings from the U.S. personal banking sector[J]. *Journal of Managerial Issues*, 2009, 21(1): 36-57.

[42] KOIKE K. *Training of Japan's corporate human resources*[M]. Tokyo: Chuokoron-sha, Inc, 1997.

[43] LAROCHE M MÉRETTE M, RUGGERI G C. On the concept and dimensions of human capital in a knowledge-based economy context[J]. *Canadian Public Policy/ Analyse de Politiques*, 1999, 25 (1): 87-100.

[44] Lei Y P , Jia J F . Human capital investment for firm: an analysis[J]. Management *Science and Engineering*, 2007, 1(2): 29-35.

[45] LUCAS R E J. On the mechanics of economic development[J]. *Journal of Monetary Economics*, 1988, 22(1): 3-42.

[46] LUCAS R E J. Why doesn' t capital flow from rich to poor countries?[J].*American Economic Review*, 1990, 80(2): 92-96.

[47] LUCAS R E J. Making a Miracle[J]. *Econometrica*, 1993,61(2): 251-272.

[48] MACHLUP F. Issues in the theory of human capital: Education as investment[J]. *The Pakistan Development Review*, 1982, 21(1): 1-17.

[49] HUSELID M A, JACKSON S E, SCHULER R S. Technical and strategic human resource management Effectiveness as determinants of firm performance[J]. *The Academy of Management Journal*, 1997,40(1): 171-188.

[50] YOUNDT M A, SNELL S A . Human resource configurations, intellectual capital and organizational performance[J]. *Journal of Managerial Issues*, 2004,16(3):337-360.

[51] HITT M A , BIERMAN L, SHIMIZU K. Direct and moderating effects of human capital on strategy and performance in professional service firms: A resource-based perspective[J]. *Academy of Management Journal*, 2001, 44(1):13-28.

[52] MINCER J. On-the-Job Training: Costs, Returns, and Some Implications[J]. *The Journal of Political Economy*, 1962,70(5): 50-79.

[53] HATCH N W, DYER J H. Human capital and learning as a source of sustainable competitive advantage[J]. *Strategic Management Journal*, 2004,25(12): 1155-1178.

[54] PANTZALIS C, PARK J C. Equity market valuation of human capital and stock returns[J]. *Journal of Banking & Finance*, 2009,33(9): 1610-1623.

[55] PHAN P H, LEE S H. Human capital or social networks: what constrains CEO dismissal?[J]. *Academy of Management Best Papers Proceedings*, 1995(1):37-41.

[56] POLANY M. The tacit dimension[M]. *London: Routledge & Kegan Paul*, 1966.

[57] POLANYI M. The logic of tacit inference[J]. *Philosophy*, 1966, 41(155): 1-18.

[58] QIAN Y Y, ROLAND G. Federalism and the soft budget constraint[J]. *American economic review*, 1998, 88(5): 1143-1162.

[59] DEISSINGER T Germany's vocational training act: its function as an instrument of quality control within a tradition-based vocational training system[J]. *Oxford Review of Education*, 1996, 22(3): 317-336.

[60] REDDING S. The low-skill, low-quality trap: strategic complementarities between human capital and R & D[J]. The *Economic Journal*, 1996, 106(435): 458-470.

[61] ROMER P M. Growth based on increasing returns due to specialization[J]. *American Economic Review* 1987, 77(2):56-72.

[62] ROMER P M. Increasing returns and long run growth[J]. *Journal of Political Economy*, 1986, 94(5):1002-1037.

[63] ROOMKIN M, SOMERS G G. The wage benefits of alternative sources of skill development[J]. *Industrial & Labor Relations Review*, 1974, 27(2):228-241.

[64] SAMUELSON P A. The pure theory of public expenditure[J]. The *Review of Economics and Statistics*, 1954, 36(4): 387-389.

[65] SCHULTZ T W. Capital formation by education[J]. *Journal of Political Economy*, 1960, 68(6):571-583.

[66] SCHULTZ T W. Investment in human capital[J].The *American Economic Review*, 1961,51(1):1-17.

[67] SCHULTZ T W. The value of the ability to deal with disequilibrium[J]. *Journal of Economic Literature*, 1975,13(3):827-846.

[68] SNOW A,WARREN Human capital investment and labor supply under uncertainty[J]. *International Economic Review*, 1990,31(1):195-206.

[69] SOLGA H , KONIETZKAD . Occupational matching and social stratification: theoretical insights and empirical observations taken from a German-German comparison[J]. *European Sociological Review*, 1999,15(1):25-47.

[70] STOKEY N L. Human capital, product quality, and growth[J]. *Quarterly Journal of Economics*, 1991,106(2):587-616.

[71] STEPHEN J T. The Accumulation of Human Capital and Income Inequality in a Two-Sector Economy[J]. *Journal of Human Capital*, 2011,5(4):418-452.

[72] UTHMANN KARL-J , SHAW G. Vocational education and training in Germany after unification[J].*European Journal of Education*, 1991,26(1):5-12.

[73] UZAWA H. Optimum technical change in an aggregative model of economic growth[J]. *International Economic Review*, 1965,6(1):18-31.

[74] WANG M K, HWANG K P, LIN S R. An empirical study of the relationships among employee' s perceptions of HR practice, human capital, and department performance: A case of AT & T Subordinate telecoms company in Taiwan[J]. *Expert Systems with Applications*, 2011,38(4): 3777-3783.

[75] WILDASIN D E. Labor-market integration, investment in risky human capital, and fiscal competition[J]. *American Economic Association*, 2000, 1: 73-95.

[76] WITTE JAMES C, KALLEBERG ARNE L. matching training and jobs: The fit between vocational education and employment in the german labour market[J]. *European Sociological Review*, 1995,11(3)293-317.

中文参考文献

[1] 马歇尔.经济学原理（下卷）[M].陈良璧，译.北京：商务印书馆，2005.

[2] 艾明晓.技能型人才及其转化与积累路径探讨 [J].改革与开放，2010（6）：116.

[3] 蔡泽寰.英国现代学徒制度对高技能人才的培养 [J].职教论坛，2004（10）：62-64.

[4] 曾湘泉，张成刚.经济新常态下的人力资源新常态——2014年人力资源领域大事回顾与展望 [J].中国人力资源开发，2015（3）：6-13.

[5] 陈和.从产权特性认识人力资本外部性的内在化 [J].大连海事大学学报（社会科学版），2007（1）：75-77.

[6] 陈胜祥.中职生源相对减少的经济学分析 [J].职教通讯，2005（8）：17-20，58.

[7] 陈维涛，王永进，李坤望.地区出口企业生产率、二元劳动力市场与中国的人力资本积累 [J].经济研究，2014（1）：83-96.

[8] 陈衍，张祺午.黄炎培职业教育思想的当代意义 [J].职业技术教育，2008（30）：66-69.

[9] 陈永东 . 国内人力资本贡献率研究现状述评 [J]. 中国人力资源开发，2009（9）：
9-14.

[10] 程承坪，刘小平 . 人力资本概念新论 [J]. 科学学与科学技术管理，2001，22（10）：
84-86.

[11] 大卫·李嘉图 . 政治经济学及赋税原理 [M]. 郭大力，王亚南，译 . 南京：译林出
版社，2014.

[12] 戴维·沃尔什 . 知识与国家财富：经济学说探索的历程 [M]. 曹蓓，段颀，李飞，
等译 . 北京：中国人民大学出版社，2010.

[13] 邓玉林，王文平 . 基于人力资本产权的知识型员工激励机制研究 [J]. 中国管理
科学，2009（1）：151-156.

[14] 丁大建 . 高技能人才的短缺与价值评价错位 [J]. 中国高教研究，2004（5）：
57-58.

[15] 丁惠炯 . 基于人力资本视角的高技能人才管理政策选择 [J]. 中等职业教育（理
论版），2011（8）：40-42.

[16] 丁菊红，邓可斌 . 政府偏好、公共品供给与转型中的财政分权 [J]. 经济研究，
2008（7）：78-79.

[17] 段钢 . 人力资本理论研究综述 [J]. 中国人才，2003（5）：26-29.

[18] 饭出和人，刘立善 . 日本式雇用体制的变化与焦点问题 [J]. 日本研究，2011（3）：
49-53.

[19] 冯子标，焦斌龙 . 论人力资本营运 [J]. 管理世界，1999（5）：203-204.

[20] 傅耀 . 产业升级、贸易政策与经济转型 [J]. 当代财经，2008（4）：73-79.

[21] 李斯特 . 政治经济学的国民体系 [M]. 陈万煦，译 . 北京：商务印书馆，1997.

[22] 葛玉辉 . 人力资本原理——基于经济与管理相结合的视角 [M]. 北京：经济管理
出版社，2010.

[23] 谷峪，姚树伟 . 职业教育·生涯教育·终身教育——转型期日本职业教育发展及其
启示 [M]. 北京：高等教育出版社，2010.

[24] 顾慧芳 . 企业职业培训——"德国制造"的基石 [J]. 上海市经济管理干部学院
学报，2013（6）：21-27.

[25] 关晶 . 开展现代学徒制应选什么样的企业 [N]. 中国教育报，2015-11-26（9）.

[26] 关中梅 . 中原经济区视角下技能型人才培养的思考 [J]. 前沿，2012（10）：67-69.

[27] 郭将，赵景艳 . 产品空间结构视角下的产业升级研究——以江苏省装备制造业为
例 [J]. 技术与创新管理，2016（2）：204-209.

[28] 郭龙，付泳．人力资本理论问题研究 [M].成都：电子科技大学出版社，2014.

[29] 郝丽，暴丽艳．德国"双元制"对我国应用型人力资源管理人才培养的启示 [J].教育理论与实践，2010（24）：24-26.

[30] 西蒙．隐形冠军 [M].邓地，译．北京：经济日报出版社，2005.

[31] 赫尔普曼·克鲁格曼．市场结构和对外贸易——报酬递增、不完全竞争和国际经济 [M].尹翔硕，尹翔康，译．上海：上海人民出版社，2009.

[32] 洪伟峻．试论我国高技能人才短缺的原因及对策 [J].湘潭师范学院学报（社会科学版），2005（2）：50-52.

[33] 胡峰．国内人力资本理论研究综述 [J].中国人力资源开发，2002（2）：24-26.

[34] 胡浩志．企业专用性人力资本研究——理论及中国的经验证据 [M].北京：经济科学出版社，2014.

[35] 华灵燕．我国劳动就业中高技能人才现状的分析 [J].继续教育研究，2011（12）：123-125.

[36] 华璐，沈慈晨．德国制造：一个国家品牌如何跑赢时间 [M].重庆：重庆出版社，2015.

[37] 华璐．德国失业率仅6%的秘诀：双元制对症结构性失业 [N].财经，2013-09-23（6）.

[38] 贝克尔．家庭论 [M].王献生，王宇，译．北京：商务印书馆，1998.

[39] 贝克尔．人力资本 [M].陈耿宣，译．北京：机械工业出版社，1987.

[40] 江涛．舒尔茨人力资本理论的核心思想及其启示 [J].扬州大学学报（人文社会科学版），2008（6）：84-87.

[41] 姜大源．当代德国职业教育主流教学思想研究：理论、实践与创新 [M].北京：清华大学出版社，2007.

[42] 姜大源．德国"双元制"职业教育再解读 [J].中国职业技术教育，2013（33）：5-14.

[43] 姜大源．德国企业在职业教育中的作用及成本效益分析 [J].中国职业技术教育，2004（8）：55-56.

[44] 姜雨，沈志渔．技术选择与人力资本的动态适配及其政策含义 [J].经济管理，2012（7）：1-10.

[45] 蒋天颖，王俊江．智力资本、组织学习与企业创新绩效的关系分析 [J].科研管理，2009（4）：44-50.

[46] 蒋永志．工业化先行地区产业升级路径研究 [J].中国工业经济，2005（5）：74-80.

[47] 居长志.产业升级与用工短缺的关系理论探析 [J].现代经济探讨，2014（12）：19-23.

[48] 孔令夷，楼旭明.全球化背景下我国通信和电子设备制造业转型升级型态及模式选择 [J].经济体制改革，2014（3）：94-98.

[49] 孔宪香.技能型人才是我国制造业发展的核心要素 [J].郑州航空工业管理学院学报，2008（2）：72-75.

[50] 孔宪香.技能型人力资本创新的企业激励制度 [J].郑州航空工业管理学院学报，2009（2）：71-73.

[51] 兰邦华.管理学前沿人本管理内涵与特征 [J].经济管理，2000（7）：59-60.

[52] 黎欣.供给侧改革背景下广东省制造业创新发展研究 [J].对外经贸，2016（8）：74-75，120.

[53] 李彬，郑成功.日本企业培养技能型人才特点与多元化模式 [J].日本问题研究，2014（3）：8-18.

[54] 李福柱.国内人力资本理论研究进展 [J].生产力研究，2005（6）：22-23，51.

[55] 李贵卿，陈维政.高技能人才的人力资本特性及其管理策略研究 [J].改革与战略，2006（12）：28-30.

[56] 李红霞，席酉民.创新型人力资本及其管理激励 [J].西南交通大学学报(社科版)，2002（3）：47-51.

[57] 李建民.人力资本通论 [M].上海：上海三联书店，1999.

[58] 李建民.中国人口与社会发展关系：现状、趋势与问题 [J].人口研究，2007（1）：35-50.

[59] 李杰，邱力生.企业技能型劳动者专用性人力资本：投资与激励 [J].经济管理，2007（12）：21-24.

[60] 李竞能.当代西方人口学说 [M].太原：山西人民出版社，1992.

[61] 李玲.中国教育投资对经济增长低贡献水平的成因分析 [J].财经研究，2004（8）：41-52.

[62] 李平，张庆普.企业关键智力资本识别的社会网络分析法研究 [J].南开管理评论，2008（3）：74-81.

[63] 李少斐.理论掌握新社会阶层的前沿探讨——以 T 市非公领域专业技术人员群体为考察对象 [J].理论探索，2013（6）：51-54，125.

[64] 李守身，黄永强.贝克尔人力资本理论及其现实意义 [J].江淮论坛，2001（5）：28-35.

[65] 李唐，韩笑，余凡. 企业异质性、人力资本质量与全要素生产率——来自 2015 年广东制造业企业—员工匹配调查的经验证据 [J]. 武汉大学学报（哲学社会科学版），2016（1）：73-83.

[66] 李文英，刘云. 战后日本高等职业教育的发展特点 [J]. 日本问题研究，2013（4）：80-83.

[67] 李晓霞. 高技能人才短缺：一个专用性人力资本的分析框架 [J]. 华北电力大学学报（社会科学版），2011（4）：41-44.

[68] 李雨，安秋. 心理因素对运动技能形成过程的影响 [J]. 冰雪运动，2002（2）：44-45.

[69] 李玉江. 区域人力资本研究 [M]. 北京：科学出版社，2005.

[70] 李玉静. 英国、澳大利亚就未来技能人才培养和职业教育发展出台新政策 [J]. 职业技术教育，2009（36）：13-14.

[71] 李忠民. 人力资本——一个理论框架及其对中国一些问题的解释 [M]. 北京：经济科学出版社，1999.

[72] 林松. 产业聚集视角下技能型人力资本积累的特点及内在机制探析 [J]. 重庆科技学院学报（社会科学版），2012（16）：57-60.

[73] 刘春花. 缓解企业技能短缺矛盾——我国高职教育须正视的重要问题 [J]. 教育发展研究，2006（13）：45-47.

[74] 刘海英，赵英才，张纯洪. 人力资本"均化"与中国经济增长质量关系研究 [J]. 管理世界，2004（11）：15-21.

[75] 刘剑熊. 企业家人力资本与中国私营企业制度选择和创新 [J]. 经济研究，2008（6）：109-120.

[76] 刘军，莫荣，徐艳，等.2010—2020 年我国技能劳动者需求预测 [J]. 中国劳动，2011（12）：11-14.

[77] 刘世锦. 推进供给侧结构性改革，促进产业升级 [J]. 全球化，2016（2）：62-64.

[78] 刘文，罗润东. 人力资本投资风险理论研究新进展 [J]. 经济学动态，2010（1）：91-96.

[79] 刘璇. 黑龙江省高技能人才短缺的思考 [J]. 边疆经济与文化，2004（10）：15-16.

[80] 刘学民. 加快高技能人才队伍建设 [J]. 求是，2005（1）：51-52.

[81] 刘勇，张徽燕，李瑞凤. 人力资本的定义与分类研究述评 [J]. 管理学家学术版，

2010（11）49-57.

[82] 刘玉斌 . 高技能人才隐性人力资本的界定与形成机理研究 [J]. 现代财经：天津 财经大学学报，2008（5）：41-46.

[83] 隆国强 . 全球化背景下的产业升级新战略——基于全球生产价值链的分析 [J]. 国际贸易，2007（7）：27-34.

[84] 楼红平 . 高技能人才短缺现状、问题与解决对策 [J]. 现代商业，2008（6）：220-221.

[85] 索洛 . 增长论 [M]. 任峻山，吴经荃，译 . 北京：经济科学出版社，1988.

[86] 罗淳 . 贝克尔关于家庭对孩子需求的理论 [J]. 人口学刊，1991（5）：16-21.

[87] 罗桂芳 . 我国技能型人才投资的综合路径分析 [J]. 湖南商学院学报，2013（4）：45-48.

[88] 吕玉霞 . 区域经济一体化视角下的政府组织新形势 [J]. 经济，2016（12）：79-80.

[89] 马范文 . 教育程度与工资收入相关性的中外比较 [J]. 广州大学学报（社会科学 版），2002（4）：90-93.

[90] 马振华 . 我国技能型人才的形成与积累研究 [D]. 天津：天津大学，2007 年。

[91] 马振华 . 基于网络层次分析的技能型人力资本价值评估 [J]. 当代财经，2009（5）：66-70.

[92] 曼昆 . 经济学原理（上册）[M]. 梁小民，梁砾，译 . 北京：北京大学出版社，2012.

[93] 孟大虎 . 专用性人力资本研究：理论及中国的经验 [M]. 北京：北京师范大学出 版社，2009.

[94] 潘永江 . 代表人民利益与"新的社会阶层" [J]. 云南行政学院学报，2003（2）：15-18.

[95] 潘悦 . 在全球化产业链条中加速升级换代——我国加工贸易的产业升级状况分 析 [J]. 中国工业经济，2002（6）：27-36.

[96] 皮连生 . 知识分类与目标导向教学——理论与实践 [M]. 上海：华东师范大学出 版社，1998.

[97] 彭聃龄 . 普通心理学（第 2 版）[M]. 北京：北京师范大学出版社，2001.

[98] 彭腾，阚小良 . 高职人才培养目标的历史、现状与未来 [J]. 岳阳职业技术学院 学报，2005（2）：9-13.

[99] 彭薇 . 苏州市如何走出高技能人才短缺的困境 [J]. 职业教育研究，2006（1）：4-6.

[100] 祁国杰，祁国鹰．运动技能形成过程新论 [J]．体育与科学，1993（4）：45-45．

[101] 萨伊，政治经济学概论 [M]．赵康英，译．北京：华夏出版社，2014．

[102] 沈满洪，何灵巧．外部性的分类及外部性理论的演化 [J]．浙江大学学报（人文社会科学版），2002（32）：152-160．

[103] 石邦宏．人力资本交易原理 [M]．北京：社会科学文献出版社，2009．

[104] 史晋川．产业升级与经济转型 [J]．浙江经济，2009（19）：30-31．

[105] 宋雪梅．论企业文化对企业竞争力的影响 [J]．宁夏大学学报（人文社会科学版）2004（2）：104-105．

[106] 孙自铎．结构调整思路：由产业升级转向产品、技术升级 [J]．江淮论坛，2003（3）：39-44．

[107] 谭海洋．2013 年全球制造业竞争力指数 [J]．电子世界，2014（6）：171-173．

[108] 田新朝．企业高技能人才约束机制探讨 [J]．人才开发，2008（2）：34-35．

[109] 涂云海．浅议技能型人才短缺问题及对策 [J]．浙江工贸职业技术学院学报，2004（4）：54-57．

[110] 涂正革，肖耿．中国的工业生产力革命——用随机前沿生产模型对中国大中型工业企业全要素生产率增长的分解及分析 [J]．经济研究，2005（3）：4-15．

[111] 王冰，杨虎涛．论正外部性内在化的途径与绩效——庇佑和科斯的正外部性内在化理论比较 [J]．东南学术，2002（6）：158-165．

[112] 王德宝．科学分析当代中国阶级阶层的新变化——用马克思主义阶级分析法看待党的阶级基础的增强和群众基础的扩大 [J]．南京林业大学学报（人文社会科学版），2004（2）：5-11．

[113] 王国平．产业升级中的区域协调发展 [J]．上海行政学院学报，2016（1）：4-13．

[114] 王纪安，邵军．德国技能型人才企业培训调查 [J]．高教论坛，2010（12）：6-7，10．

[115] 王玲．高技能人才与技术技能型人才的区别及培养定位 [J]．职业技术教育，2013（28）：11-15．

[116] 王琦，郑春荣．德国商会在职业教育中的地位与作用 [J]．职教通讯，2001（12）：51-53．

[117] 王荣．我国高技能人才短缺问题分析与对策 [J]．职业时空（综合版），2007（4）：15-16．

[118] 王书玲，王艳，于睿．政府科技投入的国际比较及启示探究 [J]．科技管理研究，2010（5）：24-27．

[119] 王小军，赵函，黄日强.政府拨款：德国职业教育经费的重要来源 [J].武汉职业技术学院学报，2010（2）：91-93.

[120] 王玉锁，罗永泰.高技能人才的人力资本价值转化与提升研究 [J].河北大学学报（哲学社会科学版），2008（2）：89-93.

[121] 配第.政治算术 [M].陈冬野，译.北京：商务印书馆，2014.

[122] 魏国.中国技工供给不足问题研究 [M].北京：中国社会科学出版社，2011.

[123] 魏立萍.异质型人力资本与经济增长理论及实证研究 [M].北京：中国财政经济出版社，2005.

[124] 魏权龄.数据包络分析 [M].北京：科学出版社，2004.

[125] 翁杰.基于雇佣关系稳定性的人力资本投资研究 [D].杭州：浙江大学，2006.

[126] 吴崇伯.论东盟国家的产业升级 [J].亚太经济，1988（1）：26-30.

[127] 吴延兵，刘霞辉.人力资本与研发行为——基于民营企业调研数据的分析 [J].经济学（季刊），2009，8（4）：1567-1590.

[128] 巫云仙."德国制造"模式：特点、成因和发展趋势 [J].政治经济学评论，2013（3）：144-166.

[129] 舒尔茨.人力资本投资——教育和研究的作用 [M].蒋斌，张蘅，译.北京：商务印书馆，1990.

[130] 肖兴政.人力资本论 [M].成都：西南交通大学出版社，2006.

[131] 徐光华，陈万明，王怀明.基于人力资本与投入资本博弈的企业剩余收益分配模式研究 [J].管理世界，2006（6）：149-150.

[132] 徐杰.从技能形成的阶段性特点谈改进实习教学 [J].南京广播电视大学学报，2004（2）：70-72.

[133] 许昌平.生产率差异、行业生产率增长与企业进退——基于中国制造业企业数据的实证研究 [J].贵州财经大学学报，2014（3）：45-54.

[134] 许丽平.我国中等职业教育成本分担研究——基于理论、实证和对策的研究 [J].教育科学，2007（6）：65-71.

[135] 许艳丽.技能型人才短缺的家庭经济学分析 [J].西北工业大学学报（社会科学版），2011（2）：39-43，84.

[136] 明塞尔.人力资本研究 [M].张凤林，译.北京：中国经济出版社，2001.

[137] 斯密.国民财富的性质和原因的研究（下卷）[M].郭大力，王亚楠，译.北京：商务印书馆，2009.

[138] 闫华海，赵武.智力资本及其理论解释 [J].管理科学，2004（5）：40-45.

[139] 闫化海，徐寅峰，刘德海.智力资本的整体衡量方法及其应用 [J].科研管理，2004（6）：17-22.

[140] 严善平.人力资本、制度与工资差别——对大城市二元劳动力市场的实证分析 [J].管理世界，2007（6）：4-13.

[141] 严雪怡.试论人才分类的若干问题 [J].职教通讯，2000（8）：9-12.

[142] 杨东平.2006年：中国教育的转型与发展 [M].北京：社会科学文献出版社，2007.

[143] 杨海洋.德国制造业优势产生并保持的原因分析 [J].改革与战略，2013（1）：116-121.

[144] 杨钋.高等职业教育收益研究的现状与问题 [J].中国职业技术教育，2011（36）：5-16.

[145] 杨尧忠.对新的社会阶层社会身份定位的理论创新 [J].财经政法资讯，2003（1）：12-16.

[146] 杨志刚，田存志.人力资本投资与收入差距 [M].北京：中国社会科学出版社，2013.

[147] 叶茂林.教育发展与经济增长 [M].北京：社会科学文献出版社，2005.

[148] 史密斯.现代劳动经济学：理论与公共政策（第六版）[M].潘功胜，刘昕，译.北京：中国人民大学出版社，1999.

[149] 易先忠，张亚斌.技术差距与人力资本约束下的技术进步模式 [J].管理科学学报，2008（6）：51-60.

[150] 于桂兰.私营企业工人劳动力价值实现问题研究 [D].长春：吉林大学，2007.

[151] 于米，于桂兰.能型人才隐性人力资本的测定与价值研究——基于吉林省汽车制造业的实证分析 [J].人口学刊，2012（2）：89-97.

[152] 袁平凡.竞争优势视觉下我国制造业发展路径选择与策略分析 [J].武汉交通职业学院学报，2007（3）：68-72.

[153] 杜能.孤立国同农业和国民经济的关系 [M].吴衡康，译.北京：商务印书馆，1986.

[154] 穆勒.政治经济学原理及其在社会哲学上的若干应用（上卷）[M].赵荣潜，桑炳彦，朱泱，译.北京：商务印书馆，2009.

[155] 伊特维尔，米尔盖特，纽曼.新帕尔格雷夫经济学大辞典（第二卷）[M].陈岱孙，译.北京：经济科学出版社，1992.

[156] 张车伟，薛欣欣.国有部门与非国有部门工资差异及人力资本贡献 [J].经济研

究，2008（4）：15-25.

[157] 张国军，陈传明.全球化视角下的供应链管理 [J].经济管理，2003（12）：47-51.

[158] 张华，刘小军，李汉光，等.物质资本选择人力资本的博弈分析 [J].管理学报，2009（7）：895-897.

[159] 张金麟.个人（家庭）人力资本投资的均衡分析 [J].经济问题探索，2001（9）：90-92.

[160] 张军，高远，傅勇，等.中国为什么拥有了良好的基础设施 ?[J].经济研究，2007（3）：4-19.

[161] 张明龙.产业聚集的溢出效应分析 [J].经济学家，2004（3）：77-80.

[162] 张维迎.企业的企业家——契约理论 [M].上海：上海三联出版社，1995.

[163] 张文贤.人力资本 [M].成都：四川人民出版社，2008.

[164] 张彦文.外部性视角下的德国现代学徒制研究 [J].现代管理科学，2017（4）：106-108.

[165] 张正堂，陶学禹.国外企业经营者报酬理论研究的新进展 [J].管理科学学报，2002（6）：83-91.

[166] 张志宏，段兴民.以 EVA 为内核的人力资本产权激励制度研究 [J].南开管理评论，2004（5）：77-80.

[167] 郑俊乾.技能训练方法简介 [J].中国职业技术教育，2005（15）：47-49.

[168] 中国机电一体化协会.工信部长谈智能制造——苗圩在 2015 智能制造国际会议上的演讲 [J].机器人技术与应用，2015（3）：34-36.

[169] 中共中央马克思恩格斯列宁斯大林编译局.马克思恩格斯文集（第 5 卷）[M].北京：人民出版社，2009.

[170] 仲姝婕.重庆市技能型人才开发的研究 [D].重庆：重庆大学，2003.

[171] 周红利.德国企业参加职业教育的动因研究 [J].全国商情（理论研究），2010（5）：29-30，35.

[172] 周坤.论人力资本的特征及其价值实现 [J].中国科技论坛，1997（3）：20-22.

[173] 周黎安.中国地方官员的晋升锦标赛模式研究 [J].经济研究，2007（7）：36-50.

[174] 周其仁.市场里的企业：一个人力资本与非人力资本的特别合约 [J].经济研究，1996（6）：71-80.

[175] 朱必祥.人力资本理论与方法 [M].北京：中国经济出版社，2005.

[176] 朱明伟，杨刚 . 企业人力资本管理研究 [J]. 南开管理评论，2001（5）：35-38.

[177] 朱舟 . 人力资本投资的成本收益分析 [M]. 上海：上海财经大学出版社，1999.

[178] 朱卫平，陈林 . 产业升级的内涵与模式研究——以广东产业升级为例 [J]. 经济学家，2011（2）：60-66.

[179] 邹学云 . 运动技能形成的心理分析 [J]. 成都大学学报（自然科学版），1997（4）：62-63.

附　录

附录 1

附表 1　德国各州 2010 年—2015 年培训供给变化情况附表

德国不同地区	公司内部 / 非公司	2010	2011	2012	2013	2014	2015
Baden-Württemberg	公司内部	71 852	76 429	74 194	72 212	71 234	71 881
	非公司	2 697	2 384	2 123	2 178	1 962	1 941
Bavaria	公司内部	91 203	95 181	92 956	89 864	89 820	90 191
	非公司	3 123	2 565	2 355	2 267	1 994	1 899
Berlin	公司内部	15 714	15 672	15 913	15 351	15 385	15 579
	非公司	3 459	2 724	2 061	1 433	1 416	960
Brandenburg	公司内部	10 912	10 480	10 178	9 547	9 381	9 605
	非公司	2 710	1 641	1 192	1 004	858	800
Bremen	公司内部	5 469	5 763	5 682	5 622	5 435	5 449
	非公司	511	456	461	334	298	348
Hamburg	公司内部	13 182	13 566	13 323	12 882	12 847	12 979
	非公司	1 200	846	824	648	555	533
Hessen	公司内部	36 646	38 637	38 140	36 557	36 086	36 191
	非公司	3 588	2 529	2 104	1 830	1 802	1 619
Mecklenburg-Western-Pomerania	公司内部	8 165	7 798	7 354	7 166	6 992	7 138
	非公司	1 714	1 111	970	801	822	703
Lower-Saxony	公司内部	56 451	59 381	56 624	54 407	54 011	53 161
	非公司	1 867	1 466	1 612	1 975	1 802	1 411
North-Rhine-Westphalia	公司内部	115 564	120 962	118 693	116 831	114 067	113 589
	非公司	6 746	5 591	5 324	3 252	3 330	3 183

德国不同地区	公司内部 / 非公司	2010	2011	2012	2013	2014	2015
Rhineland-Palatinate	公司内部	27 144	27 485	27 025	25 854	25 495	25 116
	非公司	1 349	1 485	1 381	1 248	1 055	1 122
Saarland	公司内部	7 886	8 098	7 867	6 946	6 978	6 821
	非公司	587	515	511	460	339	307
Saxony	公司内部	16 653	17 323	16 584	16 323	16 651	17 023
	非公司	5 595	3 187	1 724	1 567	1 431	1 521
Saxony-Anhalt	公司内部	11 025	10 956	10 447	9 638	9 748	9 496
	非公司	3 295	1 928	1 377	1 193	1 277	1 147
Schleswig-Holstein	公司内部	20 424	20 689	20 281	19 281	19 193	19 562
	非公司	808	857	874	650	605	635
Thuringia	公司内部	10 627	10 500	10 093	9 380	9 484	9 448
	非公司	1 794	1 175	1 011	841	848	736

附录 2

问卷编号：_____

制造业企业技能人才基本状况调查（企业卷）

您好！

为贯彻"中国制造2025"战略，了解企业技能型人力资本投资情况，推进中国制造业转型发展，课题组组织了本次调查。

【填答方法】

1）选择题：

a) 请将所选答案的选项数字划"√"；

b) 没有特别注明时，只能单选（只选择一个答案）；注明了"最多选三项"的题目，可以选择 1 ~ 3 项；注明了"可多选"的题目，不限项数。

c) 如果准确数据处于两个选项之间，企业应该选择两个选项中前面的选项。例如，最佳选择是 40%，在两个备选选项"30%~40%"和"40%~50%"中，请选择"30%~40%"选项。

2）填空题：请直接在 _____ 上或 |__| 内填写数字或文字；没有的可填 0。

第一部分　人才概况

A1.企 业 总 人 数:|＿|＿|＿|＿|＿|人， 其 中 技 术 工 人 |＿|＿|＿|＿|＿|人，管理人员|＿|＿|＿|＿|＿|人。

A2.企业不同等级技术工人所占比例:

初级工 |＿|＿|%　　　中级工 |＿|＿|%　　　　高级工 |＿|＿|%

技师 |＿|＿|%　　　高级技师 |＿|＿|%

A3.企业不同等级技术工人工资范围(单位:元):

	初级工	中级工	高级工	技师	高级技师
最低工资					
最高工资					

A4.企业技术人才平均每天工作 ＿＿＿＿ 小时。(可填0;包括在单位和家里用于工作的所有时间)

	初级工	中级工	高级工	技师	高级技师
周一至周五					
周六日					

A5.企业不同等级技术工人的最高学历人数(可填0):

技术工人等级	小学	初中	高中	中专/中职/中师	大专	大学本科	硕士研究生	博士研究生
初级工								
中级工								
高级工								
技师								
高级技师								

第二部分　招聘

B1.技能型人才能否满足企业需求?

1 需求有缺口　　　　2 基本满足需求　　　　3 有些过剩

B1Z1.企业技能型人才短缺的原因是什么?(最多选三项)

1 社会认同度低　　　2 福利待遇偏低　　　　3 岗位晋升与发展渠道狭窄

4 不重视技能培训　　5 评价和激励机制不健全

B1Z2.上述技能人才短缺的最主要原因是：|___|（限填一项）

B1Z3.其中，最为短缺的是哪类技能人才？

1 初级工   2 中级工   3 高级工

4 技师   5 高级技师

B2.企业招聘技能人才的标准或侧重的要求是什么？（可多选，需注明最主要因素）

1 职业道德和工作态度   2 相关专业知识   3 岗位群通用技能

4 心智技能   5 复合职业技能   6 创新能力

7 工作效率   8 团队合作精神   9 新知识和新技能的获取能力

B3.企业招收的职业技术院校毕业生是否满足需求？

1 完全可以   2 还可以   3 一般

4 不太行   5 完全不行

B4.企业吸引技能人才采取的有力措施是什么？（最多选三项）

1 加大对高技能人才表彰奖励力度   2 推行技师、高级技师聘任制度

3 提高技能人才福利待遇   4 营造尊重劳动、崇尚技能的氛围

5 有计划地开展技能培训   6 定期开展技能竞赛

第三部分　职工培训

C1.技能人才在企业的价值创造中所起作用如何？

1 作用非常大   2 作用较大   3 作用一般

4 作用较小   5 基本没作用

C2.当前与企业发展最相关的是哪一类人才？

1 技能人才   2 管理类人才   3 研发类人才

C3.今年企业是否有相应的技能工人培训计划？

1 没有   2 有

C3Z1.如果有，企业的培训计划实施的效果如何？

培训效果	基本无作用	作用一般	作用较大	作用非常大
提升技能	1	2	3	4
改善工作方法 / 提高效率	1	2	3	4
改变态度	1	2	3	4
拓展思维	1	2	3	4

续　表

培训效果	基本无作用	作用一般	作用较大	作用非常大
更新知识	1	2	3	4
提高士气和战斗力	1	2	3	4
降低流动率、流失率	1	2	3	4
更易督导	1	2	3	4
成本节约	1	2	3	4
打造更好的企业文化和形象	1	2	3	4
强化员工敬业精神	1	2	3	4
使顾客满意	1	2	3	4
胜过竞争对手	1	2	3	4

C4.企业是否有针对技能工人的、与职业技术院校合作的培训基地？

1 没有　　　　　　　　2 有

C4Z1 如果有，主要采取的是什么方式？

1 订单培养　　　　　　2 学工交替　　　　　　3 到培训基地集中短期培训

4 节假日到培训基地培训　　　　　　5 技能竞赛

C4Z2.如果有，培训类别包括哪些？

1 新员工招聘岗前培训　　2 老员工换岗岗前培训　　　3 半脱产

4 全脱产　　　　　　5 业余培训

C5.企业在职培训主要面向哪一类型的员工？

1 技能人才　　　　　　2 管理类人才　　　　　　3 研发类人才

C6.企业不同技能人才能力需求中，最需要具有哪方面能力？

能　力	初级工	中级工	高级工	技　师	高级技师
熟练的操作技能					
熟练掌握一定的理论知识					
学习研究能力					
对技术的理解、使用					
技术创新能力					
综合处理各种信息能力					
团队精神					
管理协作					

　　C7.企业技能人才培训的平均投入是 |＿＿|＿＿|＿＿|＿＿|＿＿|元 / （人·年），管理类人才培训的平均投入是 |＿＿|＿＿|＿＿|＿＿|＿＿|元 / （人·年），研发类人

才培训的平均投入是 |___|___|___|___|___| 元/（人·年）。

C8.企业能否申请到国家对企业培训的补贴？

1 是 2 否

C8Z1.如果有，国家补贴大约占整个培训成本比例：|___|%

C9.企业对不同群体培训风险的认知情况，请在相应空格填写数字，1表示极低、2表示较低、3表示一般、4表示较高、5表示非常高。

培训风险	初级工	中级工	高级工	技　师	高级技师
人才流失的风险					
专业技术保密难度增大的风险					
培训收益风险					
培训的质量不高					
培训投资回收期长					

C10.您认为企业的培训成本应该由谁负担？

1 员工和企业共同承担培训成本

2 员工应该承担培训全部成本

3 企业应该承担培训全部成本

4 教育机构和企业共同承担

5 政府承担一定的培训成本或者给予补贴

6 其他（请注明）

C11.目前企业在技能人才培养方面普遍存在哪些问题？　（多选题）

1 提供给员工的培训机会不多

2 对于新员工没有系统培训

3 企业无法给有能力的员工提供充分展示自己的平台

4 企业内部激励和绩效管理机制不完善

5 认识不到位

6 领导无暇顾及

C12.对于技能人才培训模式，您了解如下哪几种？（多选题）

1 订单式 2 工学交替 3 顶岗实习

4 产学研 5 共建实习基地 6 校办企业

7 企业办学 8 校企股份合作 9 现代远程开放教育

C13.如果企业开展培训，您倾向于哪几种？

1 订单式 2 工学交替 3 顶岗实习

4 产学研   5 共建实习基地   6 校办企业

7 企业办学   8 校企股份合作   9 现代远程开放教育

C14.企业是否存在岗位轮换制度？

1 有   2 没有   3 不清楚

第四部分　职工福利

D1.企业制定工资水平所考虑的因素是什么？（多选题）

1 工作资历   2 实际工作贡献   3 学历

4 工作努力程度   5 职务/岗位   6 技术职称

7 领导满意度   8 同类人员的市场价格   9 其他

D1Z1.上述影响工资水平的最主要因素是 |＿＿|（限填 1 项）

D2.企业的工资结构中是否有包括对技能的评价？

1 没有   2 有

D2Z1.如果有，那么技能评价在技能工人的工资中所占比例大约是 |＿＿|＿＿|%。

D3.企业技能人才主要鉴定渠道有哪些？

1 政府人事部门   2 政府其他管理部门   3 社会团体

4 企业   5 其他

D4.企业是否提供带薪假期？

1 是，每年大概提供 ＿＿ 天带薪假   2 否

D5.企业是否提供养老保障？

1 是   2 否

D6.企业是否提供医疗保障？

1 是   2 否

第五部分　职工流动

E1.近三年来企业流入比例？ 技能人才 |＿＿|＿＿|% ；管理类人才 |＿＿|＿＿|%；研发类人才 |＿＿|＿＿|%。

E2.近三年来企业流出比例？ 技能人才 |＿＿|＿＿|% ；管理类人才 |＿＿|＿＿|%；研发类人才 |＿＿|＿＿|%。

E3. 企业技能人才流动的主要原因有哪些？（可多选，需注明最主要因素）

1 企业的固有流动　　　2 企业缺乏技能工资晋升制度 3 经营效益不佳

4 领导不赏识　　　　　5 发现更适合自己的岗位　　6 违反劳动纪律

7 不能够达到岗位要求　8 员工个人身体素质　　　　9 人际关系不和谐

10 薪酬待遇较低　　　　11 工作失误造成损失　　　　12 技能达不到岗位要求

13 企业绩效考核不合格 14 缺乏员工职业生涯设计　　15 劳动争议

E4. 您认为单位领导对技能人才是否重视？

1 非常重视　　　　　　2 比较重视　　　　　　　　　3 一般

4 不重视　　　　　　　5 很不重视

第六部分　观念态度

F1. 企业对我国实现"到 2020 年进入创新型国家行列"的战略目标有信心吗？

1 很有信心　　　　　　2 比较有信心　　　　　　　　3 不太有信心

4 完全没信心　　　　　5 说不清

F2. 企业对我国实现"在 2049 年时成为世界科技强国"的战略目标有信心吗？

1 很有信心　　　　　　2 比较有信心　　　　　　　　3 不太有信心

4 完全没信心　　　　　5 说不清

F3. 企业对我国"在 2020 年全面建成小康社会"的发展目标有信心吗？

1 很有信心　　　　　　2 比较有信心　　　　　　　　3 不太有信心

4 完全没信心　　　　　5 说不清

F4. 企业对我国实现"中国制造 2025"的发展目标有信心吗？

1 很有信心　　　　　　2 比较有信心　　　　　　　　3 不太有信心

4 完全没信心　　　　　5 说不清

F5. 企业如何看待"国家实施创新驱动发展战略，为技能型人才施展才华提供更加广阔的天地"？

1 非常赞同　　　　　　2 比较赞同　　　　　　　　　3 不太赞同

4 完全不赞同　　　　　5 说不清

F6. 企业如何看待在全社会"工匠精神"的价值导向？

1 非常赞同　　　　　　2 比较赞同　　　　　　　　　3 不太赞同

4 完全不赞同　　　　　5 说不清

F7 企业了解党和国家对技能人才的政策吗？

1 很了解   2 比较了解   3 了解一些

4 不太了解   5 完全不了解

F8. 与发达国家的技能型人才相比，我国技能型人才的技术水平如何？

1 更好   2 总体上差不多   3 有点落后

4 落后很多   5 说不清

F9. 与发达国家的技能型人才相比，我国技能型人才的科研能力如何？

1 更好   2 总体上差不多   3 有点落后

4 落后很多   5 说不清

F10. 对于当前我国科技领域存在的下列问题，您认为是否突出？

存在的问题	非常突出	比较突出	基本不存在	不清楚
F1001. 企业没有确立技术创新主体地位	1	2	3	8
F1002. 产学研结合不紧密	1	2	3	8
F1003. 原创性科技成果少	1	2	3	8
F1004. 关键技术自给率低	1	2	3	8
F1005. 科技资源配置效率不高	1	2	3	8
F1006. 科技项目及经费管理不合理	1	2	3	8
F1007. 研发和成果转移转化效率不高	1	2	3	8
F1008. 科技人员的积极性、创造性没有得到充分发挥	1	2	3	8

第七部分　企业基本信息

G1. 企业在所属行业中的定位为：

1 低端制造业企业   2 传统制造业企业   3 高端制造业企业

G2. 企业工业总产值|＿＿|＿＿|＿＿|＿＿|＿＿|万元，工业增加值|＿＿|＿＿|＿＿|＿＿|＿＿|万元，总收入|＿＿|＿＿|＿＿|＿＿|＿＿|万元，固定资产投资|＿＿|＿＿|＿＿|＿＿|＿＿|万元，年末资产合计|＿＿|＿＿|＿＿|＿＿|＿＿|万元。

G3. 企业是否属于高新技术产业？

1 是   2 否

G4. 企业所从事的技术领域是＿＿＿＿＿＿。

G5. 企业成立于＿＿＿＿年；自2015年以来，企业获得的专利件数是＿＿＿＿件；获得的应用技术成果共有＿＿＿＿项；企业获得的科技成果奖励共有＿＿＿＿项。（没

有请填 0）

G6.对企业设施和工作条件的满意程度（最多选三项）。

企业设施和工作条件	很满意	比较满意	一 般	不太满意	很不满意
业务活动经费充足程度	1	2	3	4	5
仪器设备	1	2	3	4	5
实验材料	1	2	3	4	5
办公场所	1	2	3	4	5
电脑	1	2	3	4	5
上网方便度	1	2	3	4	5
安全防护设施	1	2	3	4	5

G7.您的企业是否经历过转型升级？

1 是,_____年开始转型升级　　　2 否

G8.企业通过何种路径实现转型升级？

1 进入新的市场

2 管理模式转型

3 商业模式转型

4 创业者自身的转型

5 产业转型

6 产品升级

7 企业类型转型

8 其他（请注明）

G9.企业转型升级的动因是什么？

1 新市场和新技术的出现

2 周围企业家影响

3 发展前景暗淡

4 产品过剩

5 市场萎缩

6 产品竞争力下降

7 企业成本

8 长远发展规划

9 其他（请注明）

G10.企业转型升级过程中的行业选择变化情况是什么?

1 行业选择没有变化

2 主业未变,进入多个行业

3 主业发生变化,但仍保留原行业

4 放弃原行业,完全进入新行业

致　谢

我参加工作已多年，学生时代许多原本美好的梦想在年复一年的柴米油盐中逐渐褪去了光华和色彩。然而，任凭岁月变迁，多读书，多给自己"充电"提高的念头却从未改变，读博深造的心愿也是愈久弥坚。经过几年准备，终于在2014年如愿考入中国社会科学院研究生院跟随胡家勇教授（研究员）攻读博士学位。

也正是因为有了这些年的工作经历，当我再次踏入课堂，再次做回学生时，倍感学习机会的得之不易，希望充分利用这难得的学习机会好好读书。不过，我是在职读博士，除了完成正常的学习任务，还要做好本职工作，能来京读书的时间有限。为了能够有更充裕的时间写博士论文，入学后不久，我便在老师指导下开始了博士论文的选题。

论文的选题还是费了些时日和周折，因为要尽量与十几年的工作阅历结合，所以直到2015年底才最终定下论文的选题，此后便开始了论文写作、企业调研、资料搜集与日常工作的漫漫征程。从2016年3月末论文开题到现在定稿，由于相关材料和数据的限制，不少问题未能充分展开，留下许多缺憾，只好日后弥补。论文的整个撰写过程都是在胡家勇教授的指导下完成的，跟随老师学习的这几年，无论做人做事做学问，都受益良多。不管是学习读书中的困难还是工作生活中的苦恼，每次跟老师请教，老师都会耐心倾听并用心答复。拥有一位好老师，永远都是学生最大的幸运。老师精深的学识，睿智的见解，缜密的思维，都将使我受益终生；老师严谨的治学精神，勤奋的工作态度，谦虚的做人风格，将永远值得笔者学习。

一个在职读博的人能够顺利完成学业，离不开单位的支持。感谢单位领导对我的工作和学习给予的许多支持，及为我开展企业调研提供的诸多便利。在此，我还要特别感谢学生工作处的年轻伙伴们，在与你们相处的过程中，我收获了太多的理解和宽容。所有关心帮助过我的领导同事们，恕我不再一一提及，但我将常怀感恩之心！

感谢在校期间所有关心帮助过我的老师和同学！

最后，更要感谢家人的陪伴、理解、关心和支持，你们给了我克服困难的勇气，你们是我前进路上不竭的动力！

在读期间发表论文情况

[1] 《制造业转型升级、技能型人力资本投资与生产效率》，河北经贸大学学报，2017 年第 5 期。

[2] 《外部性视角下的德国现代学徒制研究》，现代管理科学，2017 年第 4 期。

[3] 《马克思技术创新思想及其启示》，山东农业工程学院学报，2017 年第 1 期。